音乐艺术与高中音乐教学实践探究

李 婷◎著

中国书籍出版社

图书在版编目（CIP）数据

音乐艺术与高中音乐教学实践探究 / 李婷著 . -- 北京 : 中国书籍出版社 , 2023.9

ISBN 978-7-5068-9617-7

Ⅰ . ①音… Ⅱ . ①李… Ⅲ . ①音乐课—教学研究—高中 Ⅳ . ① G633.951.2

中国国家版本馆 CIP 数据核字（2023）第 197544 号

音乐艺术与高中音乐教学实践探究

李 婷 著

图书策划	成晓春
责任编辑	张 娟　成晓春
封面设计	博健文化
责任印制	孙马飞　马 芝
出版发行	中国书籍出版社
地　　址	北京市丰台区三路居路 97 号（邮编：100073）
电　　话	（010）52257143（总编室）　（010）52257140（发行部）
电子邮箱	eo@chinabp.com.cn
经　　销	全国新华书店
印　　刷	天津和萱印刷有限公司
开　　本	710 毫米 ×1000 毫米　1/16
字　　数	188 千字
印　　张	12
版　　次	2024 年 1 月第 1 版
印　　次	2024 年 1 月第 1 次印刷
书　　号	ISBN 978-7-5068-9617-7
定　　价	72.00 元

版权所有　翻印必究

前　言

在人类文明发展的进程中，音乐所发挥的影响十分巨大。它能直达人们的心灵。它以其自身特有的魅力，丰富人的感觉、培养人的审美情感、塑造人的高雅气质。因此，可以毫不夸张地说，音乐表演能给人以积极向上的情感体验，培养人们高尚的情操，是建构自由、和谐、全面发展的人格所不可缺少的重要因素。

音乐教育是以音乐为媒介、以审美为核心的一种教育形式，是为培养音乐教师，提供必备的音乐教育教学理论、技术及实践的操作平台。同时，通过校内外双重的音乐教育实践，可构建学习者的审美意识，陶冶其情操、开发其心智，使其逐步成长为复合型、应用型、创新型、教育研究型的高素质音乐教育专门人才。鉴于此，音乐教育必须在遵循教育学普遍规律的基础之上，根据音乐艺术的特性及其不同于其他学科的研究方法，揭示音乐教育所特有的规律理论、方法、发展及形态等，迅速提高音乐教育水平，推动音乐教育改革在健康的轨道上深化发展。

进入21世纪后，素质教育在教育界愈发受到重视，并在音乐教育领域中起着越来越重要的作用。教育工作者需要转变教育观念，全面贯彻素质教育，并意识到音乐在素质教育中具有的独特的功能。音乐教育不仅可以培养学生的综合素质，还可以促进社会和谐。因此，应充分发挥音乐教育的独特功能，为素质教育的开展、人才全面发展目标的实现和社会的和谐统一作出应有的贡献。虽然由于应试教育等原因，音乐教育在我国的课堂上一直不被重视，但是随着社会的进步，人们对精神文明的追求也日趋丰富，这使得音乐教育在社会生活和素质教育中的地位和作用日益凸显，故而对音乐教育的多维探索与改革已然成为教育领域中一项挑战与价值并存的重要课题。

高中阶段是教育的重要阶段，这个阶段要为学生的终身发展奠定基础。高中音乐教学作为这个阶段的课程内容，对学生的终身发展起着重要作用。但是，高中音乐教学工作还存在着一些问题，如教师对音乐教学方法的理论知识研究不够、音乐教学方法的选择单一、教学创新不足等，这都直接影响了音乐教学效果。因此需要对高中音乐教学的教学方法以及教学设计进行创新，以期提升高中音乐教学的质量，为社会培养出更多、更优质的人才。

  本书共六章。第一章为音乐艺术概述，介绍了音乐艺术的起源、音乐艺术的性质、音乐艺术的类型及特征三个方面的内容；第二章为音乐教学概述，主要介绍了两个方面的内容，依次是音乐教学的基本理论、音乐教学的基本原则；第三章为音乐教学的内容及方法，主要介绍了音乐教学的基本内容、音乐教学的方法与设备；第四章为国内外音乐教学的发展及现状，依次介绍了国外音乐教学的发展及现状、我国音乐教学的发展及现状；第五章为核心素养理念下的高中音乐教学，主要介绍了核心素养理念下的高中音乐教学的问题、高中音乐教学中渗透核心素养的意义、高中音乐教学中渗透核心素养的策略。第六章为高中音乐教学实践探究，主要介绍了高中音乐教学方法选择、高中音乐教学模块与教学设计、高中音乐教学方法创新。

  在撰写本书的过程中，作者得到了许多专家学者的帮助和指导，参考了大量的学术文献，在此表示真诚的感谢！

  由于作者水平有限，加之时间仓促，本书难免存在一些疏漏，在此恳请同行专家和读者朋友批评指正！

李婷
2023 年 3 月

目 录

第一章 音乐艺术概述 …………………………………………………………… 1
 第一节 音乐艺术的起源 …………………………………………………… 1
 第二节 音乐艺术的性质 …………………………………………………… 6
 第三节 音乐艺术的类型及特征 …………………………………………… 9

第二章 音乐教学概述 ………………………………………………………… 29
 第一节 音乐教学的基本理论 ……………………………………………… 29
 第二节 音乐教学的基本原则 ……………………………………………… 38

第三章 音乐教学的内容及方法 ……………………………………………… 45
 第一节 音乐教学的基本内容 ……………………………………………… 45
 第二节 音乐教学的方法与设备 …………………………………………… 64

第四章 国内外音乐教学的发展及现状 ……………………………………… 91
 第一节 国外音乐教学的发展及现状 ……………………………………… 91
 第二节 我国音乐教学的发展及现状 ……………………………………… 102

第五章 核心素养理念下的高中音乐教学 …………………………………… 113
 第一节 核心素养理念下的高中音乐教学的问题 ………………………… 113
 第二节 高中音乐教学中渗透核心素养的意义 …………………………… 117
 第三节 高中音乐教学中渗透核心素养的策略 …………………………… 122

第六章 高中音乐教学实践探究··································130
　　第一节 高中音乐教学方法选择··························130
　　第二节 高中音乐教学模块与教学设计·················141
　　第三节 高中音乐教学方法创新··························165

参考文献··184

第一章 音乐艺术概述

音乐艺术是以声音为媒介，以时间为载体，满足人的审美感受的听觉艺术。音乐在时间中展开，在流动中传情，又在三维里凝固，是浓缩和放大人类喜怒哀乐、悲欢离合的抒情艺术。本章主要介绍音乐艺术概述，分别阐述了音乐艺术的起源、音乐艺术的性质、音乐艺术的类型及特征三个方面的内容。

第一节 音乐艺术的起源

一、音乐艺术的产生

（一）节奏是音乐产生的鼻祖

大多数音乐史家认为：如果说音乐有个起源，那就是敲击。一直到今天，世界上一些原始部落的音乐，差不多全是由节奏构成的，它们通过各种节奏来体现错综复杂的感情和形态。我国在四千多年前，就有了"鼓乐"。从出土的乐器来看，愈是年代久远的古墓出土的乐器，打击乐所占的比例愈大。这就进一步证明：以节奏为主的音乐是现代音乐的鼻祖，原始民族对节奏的敏感度与音乐能力紧密相关，这是人类心理和生理本性的基本反映。非洲黑人对节奏的感知能力非常强大，他们对富有节奏感的音乐情有独钟，尤其喜欢强烈的节奏。相比之下，巴西的印第安人音乐中也展现出了强烈的节奏感，但在旋律和和声方面相对较弱。对于原始民族而言，节奏在音乐中具有重要意义，同时在他们的文化和习俗中也扮演着重要角色。

（二）劳动是节奏产生的前提

原始社会的劳动者在劳动过程中有着属于自己的节奏，劳动过程中发出的人声、各种劳动所需物品碰撞发出的声音都是这个节奏的一部分，这展示了人类在感知和欣赏节奏方面的能力。然而，原始社会的劳动者所遵循的拍子实际上是劳动运动的节奏，劳动运动的技术要求和技巧决定了特定生产过程的节奏，从而影响劳动的性质和技术操作。这个节奏在某种程度上对生产过程的技术要求和技巧产生了一定的影响。

节奏是音乐的灵魂，是音乐最基本要素之一。它可以脱离其他音乐要素单独表达各种错综复杂的感情和形象。

游牧民族在自己的舞蹈中往往喜欢再现各种动物的动作，这种在狩猎过程中观赏到的各类动物的动作语言为游牧民族的舞蹈动作提供了多样的参考价值，为游牧民族带来了无限的喜悦。游牧民族模仿动物的动作这一行为，是狩猎的极其重要的一个部分。这种因为模仿动物而带来的喜悦是游牧民族狩猎劳动的再现，是游牧民族独特的狩猎舞的灵感来源。舞蹈本身在这样的情况下是劳动者的动作的单纯的再现。德国经济学家毕歇尔·卡尔（Bucher Karl，1847—1930年）在他的著作《劳动与节奏》中说："原始民族的许多舞蹈无非是一定生产动作的有意识地模仿，所以，在这种模仿的表演下劳动必然一定是先于舞蹈的。"

在古代部落中，劳动与音乐之间存在着紧密的联系，音乐的节奏被精确地调整以适应特定劳动活动的动作节奏。随着生产力的发展，劳动过程中的节奏活动逐渐失去了其重要性。然而，在各种场合下，音乐的节奏仍然受到生产过程的决定性影响。劳动是这三者中最基本的组成部分，劳动、音乐和节奏之间有着密切的相互关系。原始部落将节奏视为音乐的核心要素，他们的那些简单音乐作品是由劳动工具与物体接触产生的声音演变而来。通过加强这些声音并丰富节奏变化，他们能够更好地表达人类的情感。为了实现这一目标，他们需要对劳动工具进行改良，使其也能作为乐器使用。鼓是原始部落中广泛存在的乐器，有些部落甚至只使用鼓作为乐器。最初的音乐家主要使用弦乐器演奏，而吹奏乐器在他们的音乐传统中占据次要地位。原始人多是狩猎者，其劳动工具上的装饰常常包含与动物有关的图案。长期以来，他们通过观察动物世界吸取艺术上的灵感，因此，原始艺术家从小就注重对称的规律性。

二、阿拉伯歌曲艺术的起源及发展

古代阿拉伯人曾为音乐的发展和繁荣作出过重要贡献，他们最早的歌曲是胡达，这是一种淳朴而单调的原始歌曲。这种歌曲的"乐律"采用的是当时流行的阿拉伯诗歌的韵律。当时很多阿拉伯诗歌的韵律与骆驼在沙漠中行走的步伐节奏合拍，因此游牧人唱起这些诗歌来非常顺口。随着时间的推移，游牧歌曲传遍了阿拉伯半岛各个地区。古代阿拉伯音乐常常被用在宗教仪式上，人们用音乐歌咏赞美神的诗篇，用以表达内心的祝愿。蒙昧时期，歌女在阿拉伯音乐的传播方面起了重要作用，凡是有阿拉伯人居住的地方——不论是阿拉伯半岛，还是叙利亚、伊拉克斯等地区都有歌女在活动。

古代阿拉伯人喜爱音乐，也喜爱舞蹈，他们常使用台卜来（定音鼓）、杜弗（方形的铃鼓）和卡迪卜（作响板用的小棒）等打击乐器为舞蹈伴奏。

音乐艺术不断提高和发展，越来越为社会各阶层所喜爱，公元750—1258年，阿拉伯音乐的艺术成就达到了历史最高峰。音乐活动的中心从大马士革转到了巴格达，其他艺术和文学在这个时代也各异彩，特别是在公元786—809年，文学艺术发展得灿烂辉煌，这一现象是当时世界上首屈一指的。这个时期还出现了很多优秀人才，他们不仅在阿拉伯国家，而且在全世界都是享有盛名的杰出人物。比如卡乃迪，他在阿拉伯历史上是第一个写出高水平音乐论文的人，他不仅是音乐家，还是哲学家医学家、数学家和天文学家；乃斯尔·法拉比也是这个时期最著名的音乐家之一，他写了多种音乐理论著作，西方很多思想家和历史学家都认为，法拉比的著作《音乐百科全书》是在后来的欧洲音乐复兴运动中作出巨大贡献的音乐资料之一。在这一时期，阿拉伯音乐在歌曲创作、演唱方面，在音乐知识理论和研究方面达到了历史上的最高水平。

9世纪中叶，巴格达成为生气勃勃的音乐之城，歌曲是当时文艺发展的主要内容。公元9世纪至13世纪，阿拉伯人撰写的音乐理论著作和其他艺术理论著作有200多种。其中，卡乃迪（卒于874年）著的《谈乐曲创作》、法拉比（卒于公元950年）著的《音乐百科全书》（被誉为阿拉伯音乐史上最伟大的著作）、来伊斯·本·西纳（卒于公元1037）著的《痊愈》一书的一部分（是从理论上剖析阿拉伯音乐的重要章节）、苏菲丁（卒于公元1294年）著的《歌曲集》这四部音乐著作最为重要，对西方音乐的发展曾经产生过巨大影响。

在音乐领域，过去欧洲人只零星地知道一点古希腊的音乐理论，而阿拉伯人自从公元8世纪起就写出了大量超出于古希腊的音乐理论和音乐研究的著作。法拉比的音乐理论著作被译成拉丁文，成为欧洲音乐理论家和音乐研究家们的珍贵参考资料。英国大理论家罗杰·培根（Roger Bacon）承认，他从法拉比的音乐理论中吸取了很多营养，阿拉伯音乐理论也为欧洲的声学发展奠定了理论基础。当阿拉伯人在公元13世纪于萨拉曼卡（Salamanka）建立第一所音乐学院的时候，西方人还不知道建立专业音乐院校的方法。欧洲人根据阿拉伯乐器派生出大量的新型乐器，如欧洲的列比克（Rebec）就是从阿拉伯的来巴卜派生的。

阿拉伯的吟游歌唱家每次到欧洲旅行，都要出演欧洲人喜闻乐见的阿拉伯传统歌曲，这使得他们在欧洲的土地上播下了阿拉伯民族音乐的种子。公元13世纪的欧洲歌曲带有明显的东方风味，许多乐曲的旋律来自阿拉伯音乐。但从13世纪至17世纪，阿拉伯国家的音乐活动其中包括音乐学家对音乐理论的研究、对未来新音乐的探讨、对乐器的改革等，都渐趋衰落。

三、欧洲歌曲艺术的起源及发展

古希腊是欧洲文明的发祥地，当欧洲大部分地区处于原始状态时，它已具有高度发展的文化。公元前12至公元前8世纪，是古希腊氏族社会向奴隶社会过渡的时期。在古代部落中，音乐不仅是劳动的伴奏，还作为一种社交媒介，用于连接人与人之间的纽带。不同职业的人在各种场合演唱着不同歌曲，这些歌曲反映了他们的职业特点和生活经验。

例如，纺织歌是由纺织工人唱出的，通过歌曲的形式传达纺织工艺和祝福。磨粉歌则是磨坊的工人为了在磨粉过程中增添活力和节奏而演唱的歌曲。牧歌则是牧民在放牧过程中唱出的歌曲，表达对大自然的赞美和对牲畜的呵护。采葡萄歌、丰收歌、挽歌和凯旋歌等歌曲也在不同场合中扮演着重要角色。通过唱歌和跳舞，古代部落中的人们能够以一种形象生动的方式表达自己的情感和思想。他们的歌曲和舞蹈不仅丰富了生活，也传承了部落的文化和价值观。

古代希腊富有特色的音调，汲取了所传下来的圣咏遗产以及欧洲其他民族的音乐旋律，集各家之长，因而旋律优美而富于变化，是单声音乐中最完美的集大成之作。从 11 世纪起，商业发展，城市兴起，逐渐出现新的文化中心，艺术也从宗教寺院及封建城堡的垄断中解放出来，进入城镇集市，于是产生了流浪艺人。流浪艺人多才多艺，吹拉弹唱、杂技、演戏无所不能。12 世纪，法国最早出现了吟唱诗人。他们以各城堡及宫廷为中心，以简单乐器为伴奏，除吟唱骑士事迹外，还歌唱爱情及自然景色。

18 世纪末至 19 世纪初，欧洲文学进入了浪漫主义的阶段。在这个时期，作家们对艺术作品提出了更高的要求，希望它们能够像民间文学一样自然而朴实，能够真实地反映人民的思想、感情和愿望。正是在这种背景下，一批优秀的诗篇涌现了出来，它们与音乐相结合，形成了一种全新的艺术形式，即艺术歌曲。

艺术歌曲具有独特的特点，它将诗词与音乐完美地结合在一起，形成了一个高度完整的艺术体验。相比于民歌和一般的歌曲，艺术歌曲在艺术水平上更加高超，其艺术技巧和难度也更加复杂。它不仅仅是简单地表达情感，更加强调对诗词形式的创造性处理和音乐形式的独特设计。因此，艺术歌曲成为当时文学界的一颗璀璨明珠，为欧洲文学发展增添了无尽的魅力。

维也纳古典乐派的三位大师海顿、莫扎特、贝多芬在艺术歌曲这个领域里写出了具有重大意义的作品。海顿用朴素的民歌手法谱写的《上帝保佑弗兰茨皇帝》被推选为奥地利国歌；莫扎特写了 30 多首歌曲，《渴望春天》《致克罗埃》都是短小的珍品；贝多芬的歌曲更深刻，更宽阔地表现了人类丰富的精神世界。

随着艺术歌曲创作的不断发展，19 世纪在奥地利和德国兴起了以舒伯特、舒曼、勃拉姆斯以及沃尔夫、马勒、理查·施特劳斯等作曲家为代表的艺术歌曲高潮。舒伯特在这个领域作出了重要贡献，他通过将维也纳古典乐派的传统、德国文学的浪漫主义诗歌和奥地利民间音乐素材巧妙地结合在歌曲创作中，开创了新的艺术歌曲领域。

四、我国歌曲艺术的起源及发展

就我国而言，在四千多年前，远古时期的歌唱就和诗、乐舞一起产生和发展了。春秋时期，经孔子编订的《诗经》有305篇，其中300篇是流传于民间的可唱的歌曲。我国歌曲艺术在封建社会中经历了诗经、楚辞、乐府、律诗、词曲等不同体制的演变。唐代以前的歌曲，由于记谱法不够发达，今天已难知其本来面目。唐宋以后，记谱法逐渐完备，才开始有歌谱得以保存和传承。目前已知的唐代歌曲有赵彦肃的《风雅十二诗谱》和流传至宋代的《霓裳中序第一》等。姜白石所作的词体歌曲共有14首，是音乐史上非常珍贵的资料，也是世界音乐宝库中的稀有财富。而元明以后的歌曲大多保存在戏曲曲艺中，或者通过琴谱、工尺谱等方式被直接记录。

中国现代的歌曲创作发端于1898年"维新变法"时期。在五四运动的推动下，中国音乐也随之揭开了新的一页，开始出现了自己创作的艺术歌曲。赵元任采用的歌词都是反映"五四"精神的新诗，拥有独特的情感表达风格，兼顾了欧洲艺术歌曲的优势和民族文化的特色；同时肖友梅、黎锦晖等创作的学校歌曲和儿童表演歌曲长期流行于中国许多城镇，成为令人注目的社会现象。

抗日救亡歌咏活动在全国的展开，把歌曲创作推进了一个新的阶段。1942年延安文艺座谈会以后，产生了更多的优秀歌曲作品和新的歌曲演唱形式，这些都为我国音乐事业的发展打下了良好的基础。

第二节 音乐艺术的性质

为了探讨音乐艺术的性质，有必要先了解一下"艺术"这个词。从艺术起源的角度来看，普遍认为艺术是由人类对自然进行模仿，并满足人类表达和交流情感的需求。艺术在人类文化中扮演重要角色，它是人类创造力和想象力的体现。艺术形式的多样性以及不同文化对艺术的理解和表达方式也是值得研究的课题之一。

马克思主义的艺术理论强调，艺术是对客观真实世界的反映，是人类社会生活在人类头脑中主观映射的结果。艺术在马克思主义中被视为一种反映社会阶级、经济关系和意识形态的表达形式。马克思主义关注人类历史和社会背景对于艺术创作的影响，强调艺术的社会性和政治性。黑格尔在《美学》中提出了"艺术的形式就是通过感官形象来表现"的观点。他认为艺术通过真实地呈现客观存在的方式来理解和表达，从而达到对世界的真实洞察，并激发人们的审美情感。黑格尔的美学思想强调艺术的独特性，将艺术视为人类精神活动和文化发展的重要组成部分。

艺术的审美特性是美学领域的重要组成部分，而情感性是艺术审美的重要特征之一，它使艺术作品具备了表达和传递情感的能力，使艺术得以与观众建立深入连接，引发思考、体验和情感的共鸣。通过情感性，艺术能够超越形式的限制，打动人心，启发思考，并赋予人们内心的满足和启迪。

艺术具有多样化的表现形式，涵盖多种情感表达方式。学校音乐教育应采用多样的艺术表现形式，培养学生对艺术的敏感度。为此，教师需要丰富教学模式和方法，将音乐教育与其他学科相结合，吸收不同学科的优势。丰富的艺术门类也会提高学生的艺术敏感性。通过联觉机制和多感官的音乐活动，也可以促进艺术感的培养。

从艺术的起源、本质、核心特征以及不同角度和学说中可以看出，艺术与人类生活和自然息息相关，与人类情感密不可分。艺术是对客观世界的反映，源自于生活又超越于生活；它集中表达了人们对美的追求，是主观感性活动的体现，也是情感的高度展示。

因此，在学校音乐教育中培养学生的艺术感，需要以艺术的方式看待问题，并满足以下要求。

首先，艺术被认为是一种强调精神性而非物质实用性的活动。艺术的价值在于其能够触动人们的内心，激发情感，以及传达深层次的思想和意义。艺术作品通过其独特的形式和表现手法，使人们能够体验到超越日常生活的精神层面。

其次，艺术认知过程具有形象性而非语言性。相比于语言和概念的抽象性，艺术通过直观的形象、色彩、音乐、舞蹈等感知性元素来传达信息。这种形象性认知方式使艺术更具包容性，能够引发观者自身的联想和想象力，因此每个人对艺术作品可能有不同的理解和感受。

再次，艺术体验强调情感性而非物理性。艺术作品可以唤起观者的情感反应，如喜悦、悲伤、震撼等，这种情感体验是通过对艺术作品所传达的情感、情境和氛围进行感知和共鸣而实现的。艺术的美在于其能够引发人们的情绪共鸣，使观者与作品产生深层次的情感互动。

最后，艺术表达具有个性化而非统一化特征。艺术作品反映了艺术家个体的创造力、经验和独特的视角，每个艺术家都有自己独特的风格和创作特点。观者在艺术作品面前也能够表达自己的个性、情感和理念，因此艺术作品具有丰富多样的个体表达方式。

此外，艺术活动被视为审美活动而非自然运动。它不同于日常生活中的实用行为或器物的操作，而是一种独特的审美体验和创造行为。在艺术活动中，人们通过创造和欣赏艺术作品来满足审美欣赏的需求，并通过这种活动表达自己的情感和思想。

艺术对于满足人类精神需求具有重要的作用，个性化和情感性是艺术表达和体验的核心要素。传统的统一化教育方式在艺术教育中可能存在问题，需要更加注重培养个体的艺术感受和表达能力。

一、音乐艺术的感染性

音乐本身是一种无法准确定义且非定论性的艺术形式，它通过声音组合成旋律来表达。评价一个人的音乐综合素质需要考虑多个方面，包括听感能力、审美倾向性、理解能力等因素。与其他艺术形式相比，音乐艺术无法通过物体直观展现，而是通过记录和再现来传达。这使得音乐教育面临着困难，教师需要采用合理的方法来引导学生理解这种难以捉摸的艺术表达。

二、音乐艺术的流动性

音乐艺术的流动性特征是不可忽视的，它随着时间的流动而存在，并通过节奏和旋律展现出来。节奏和旋律相互融合，构成了完整的音乐体验，缺少任何一个因素都会错过完整的感受。这说明了音乐的非定论性、律动性和无形性质。在音乐教育中，教师会受到这些特性的影响。良好的节奏感和音乐感受能力对于准确地表现音乐至关重要。节奏是不可或缺的，没有节奏就没有旋律。因此，在音乐教育中，需要重视节奏的培养，同时也期待节奏和旋律相结合的美妙感受。此外，如何准确地把握和再现这种无形的音乐艺术也是一个值得探索的问题。不能仅依赖录制和播放设备，如果能在大脑中记录下音乐的美妙，那种感染力的重现会是艺术审美的深刻体现。除了这些特性，音乐教育还受到许多其他因素的影响，这些因素也会对音乐教育产生一定的影响。

第三节 音乐艺术的类型及特征

音乐是人类最古老、最具普遍性和感染力的艺术形式之一。文学作品用文字，绘画用线条、色彩创造艺术形象，而音乐不像文学那样直接叙述生活事件，也不像绘画那样直接描绘生活现象。音乐是通过特定的、有组织的音响，创造出特殊的艺术形象，实现人们在思想、感情上的表现与交流。音乐是人类思想情感的艺术再现。

音乐艺术是以音响标志着它的存在，声音是音乐艺术的物质材料。音乐中的乐音是非自然性的，是一种创造性的音响；音乐在时间中展现、发展，并诉诸听觉；音乐中的声音不具有确定的含义，是非语义性的，它通过音调的变化表现出音乐的基本含义，是一种具有表情性的音响；音乐以声音构成形象，带有丰富的、不同的情感因素，音乐是情感的极佳载体，借声传情是音乐艺术的特殊表现手段。

一、音乐艺术的类型

音乐是表演艺术，在表现方式上，音乐与非表现艺术存在着很大的区别。比如画家作完一幅画，即完成了一件独立的艺术作品，不需要任何媒介，也无须中间环节就可供人观赏，而音乐必须通过表演才能把作品传达给欣赏者。音乐表演是音乐创作与音乐欣赏之间不可缺少的一个环节。作曲家创作的音乐作品需要表演者的活动来实现自己的意图，听者则需通过聆听表演者的演唱或演奏来欣赏音乐作品。音乐按照表演时所采用的物质手段的不同，可以分为声乐和器乐两大类。

（一）声乐

声乐是人们用歌声来表达思想感情的一种音乐艺术活动。声乐表演根据人声的特点可以分为男声（男高、男中、男低），女声（女高、女中、女低），童声三类；

根据演唱形式可以分为独唱、齐唱、重唱、对唱、合唱等；根据唱法可以分为美声唱法、民族唱法、流行唱法、原生态唱法等；根据作品体裁可以分为抒情歌曲、进行曲、舞蹈歌曲、劳动歌曲、叙事歌曲等。

1. 人声分类

人声的分类，主要是根据人声音的音域和音质来确定。在歌唱艺术中，通常把人声分为女高音、女中音、女低音、男高音、男中音、男低音和童声。

不同类型的女高音的音色和演唱风格都有所不同，戏剧女高音具有较大的音量和张力，其声音具有穿透力，适合气势磅礴的戏剧角色。抒情女高音的声音富有表现力和情感，能够将音乐作品中的情感与内涵充分地传达给听众，花腔女高音音色脆亮、轻巧灵活，适合演唱快速、华丽带各种跳音和装饰音并富有表现力的作品。女中音的音色柔和，音质厚实，中音区声音响亮有力。女低音的音色温暖柔和，低音区的音质浑厚、沉实。

男高音可分为戏剧男高音和抒情男高音。抒情男高音的音色明亮柔和、舒展流畅；戏剧男高音的音色明亮昂扬、激越雄壮。男中音的音色浑厚柔和、富有质感。男低音的音色浓厚深沉、结实有力。

2. 唱法

在我国，唱法主要分为美声、民族、流行、原生态四种。虽然这种划分在学界还存在一些不同看法，但在大众的艺术实践中已形成一种基本共识。

（1）美声唱法

美声唱法源于意大利，原文 Bel Canto 的直译是"美妙地歌唱"。美声唱法以其演唱华丽优美、连贯、圆润的歌声感染人，并著称于世。美声唱法是伴随着歌剧的诞生而发展起来的，其表现形式离不开歌剧和艺术歌曲这两种体裁。歌剧是一种以歌唱为主，综合了音乐、文学、舞蹈和美术等艺术的戏剧形式。歌剧的歌唱形式主要有：咏叹调、宣叙调、重唱、合唱等。

五四运动以后，美声唱法传入我国，并逐步在中国古老的大地上生根、发芽。美声唱法对我国声乐艺术的发展无疑是起到了巨大的推动作用。

（2）民族唱法

民族唱法作为一种狭义的概念，主要涉及演唱民族风格强烈的声乐作品所使用的技术方法和规律。而广义上的民族唱法主要包括传统的戏曲演唱、曲艺说唱、民歌演唱以及融合了这些风格的创作歌曲的演唱。民族唱法是从民族传统唱法中提炼和传承而来的，同时又借鉴和吸收了美声唱法的技术与风格。它不同于戏曲演唱要求的"唱、念、做、打"，也不同于曲艺演唱要求的"夹说带唱，似说似唱"；它以歌唱为主，又与戏曲、曲艺有着密切的联系。我国民族传统唱法强调语言因素，民族唱法以汉族语言为基础，注重吐字、行腔韵味，追求字正腔圆且声情丰沛的艺术风格。其关注点在于通过咬字、吐字等手法凸显歌词的意义，强调语言的内涵与表达。而美声唱法则更注重音色的技术性与审美效果，着眼于纯净、高亢且流畅的声音呈现。它着重训练音准、音色与发声技巧，以实现声乐技术与音乐表现力的完美融合。

民族唱法经历了逐步发展的过程：20世纪40—60年代中期以使用真声为主流，声音明亮，风格朴素、自然，重视向戏曲、曲艺艺术的学习与借鉴；20世纪70—80年代开始借鉴美声唱法，重视真假声的结合、气息和共鸣的运用，表现力更为丰富；20世纪90年代至今，民族唱法在演唱技巧上有了明显的提高，演唱作品的体裁有了丰富与发展，充分体现和表达了时代的气息和民族色彩，形成了特有的艺术个性和艺术风格。

（3）流行唱法

音乐界对"流行唱法"（又称"通俗唱法"）这一概念的解释众说纷纭。流行唱法是因流行歌曲的产生而逐渐形成的一种唱法（有人将 Popular Songs 译为"流行歌曲"也有的译为"通俗歌曲"。因此，有人把"流行唱法"说成"通俗唱法"），主要用于演唱流行歌曲。流行唱艺异于美声唱艺和民族唱艺，是一种运用朴实自然之嗓音、清晰吐字、质朴简洁之语体进行演唱的方法，着重于内心情感的表达与倾诉。流行唱艺之多变风格、流派和表现形式满足人们多样审美之需求。

鉴于流行歌曲内容与形式皆着重平民化特点，因此许多流行歌手在初次演唱流行曲时并未经过专业声乐训练，其声线多处于天然、朴实的境地。尽管他们日后也吸收了美声和民族唱艺的发声技巧，却能始终保持其自然、质朴的声音特质。流行歌曲之歌词具有生活化、口语化的特色，故流行唱艺强调清晰的吐字、简练、亲切的语言表达，贴近心灵，常接近口语的语体。

流行唱法强调情感的传达和音乐的表达。歌手在演唱过程中，将个人的情感寄托于歌曲表达中，以自己独特的情感表达方式，丰富的风格特点，让听众身临其境，感受到情感的共鸣。流行唱法常常通过融入舞蹈和表演动作，以及借助吉他、键盘等乐器边弹边唱的方式来更好地表达情感。此外，演唱者积极且热情地与听众互动也是流行唱法的一个显著特点，它能极好地促进情感交流。流行唱法可以依据地域特点和发音方法这两个标准进行分类，可以将流行唱法分为欧美唱法、韩日唱法、中国大陆民族唱法等或气声唱法、直声唱法、喊声唱法、哑声唱法等。

流行唱法有多样化的风格，根据歌曲风格的不同可以给予听众不同的听觉感受。不同国家、民族和地域都有独特的演唱风格，个体、组合和群体也展现出个性鲜明的演唱风格，以丰富的表现形式抒发各自不同的情感。使用话筒是流行唱法表演的特点，可以保持歌声与伴奏的平衡，并将清晰的音频传递给听众。

（4）原生态唱法

原生态民歌产生于我国各民族人民的生产生活实践，是本民族生活环境下老百姓的一种自然表达。原生态唱法未经过专业训练，是在民间广泛流传的"原汁原味"的民间歌唱形式。演唱者使用本民族的语言，穿着本民族的服装，由本民族独特的乐器伴奏，能够体现出本民族的独特风格。

3. 演唱形式

声乐的演唱形式是指：根据人数的多少和音乐结构的性质，可将演唱分为独唱、齐唱、重唱、对唱、小组唱、表演唱及合唱等形式。

（1）独唱

独唱指一人独立演唱的形式。

（2）齐唱

齐唱指两人以上的歌唱者同时演唱同一曲调的形式。

（3）重唱

重唱指两个声部以上的歌曲，每个声部都由一人担任演唱的形式。重唱时，依据人数的多少和人声类别，可分为男声重唱（包括男声二重唱、三重唱、四重唱等），女声重唱（包括女声二重唱、三重唱、四重唱等），以及童声重唱，双四重唱（每个声部两个人）等。

（4）对唱

对唱指两人或两组人作对答式的演唱形式。

（5）小组唱

小组唱指由6—12人组成的小型集体歌唱表演形式。

（6）表演唱

表演唱指边唱边演的表演形式。

（7）合唱

合唱指有两个或两个以上声部，每个声部由两个以上以至更多的人演唱的形式。依据嗓音类型来区分，可分为男声合唱、女声合唱、混声合唱、童声合唱；依据声部的多少又可以分为男声四部合唱、女声四部合唱、混声四部合唱等。合唱一般辅以乐器伴奏，而有意不用乐器伴奏纯粹由人声演唱的合唱，称为"无伴奏合唱"。

4. 声乐作品的体裁

声乐作品与其他文艺作品一样，有不同的种类与样式，这称为声乐作品的体裁。歌曲的体裁是人类在长期的社会生产和实践活动中形成的。声乐作品的体裁与歌词的内容、情感、特征、审美、表现要求等有密切的关系，不同的体裁有不同的音乐表现。

（1）民歌

民歌不仅历史悠久，更是声乐体裁的重要形式。一般是劳动人民即兴创作、口口相传并在传唱过程中经过集体的修改和完善，所以民歌具有传统性、口头性、集体性、即兴性等特点。由于各个民族的生活习惯、语言、环境、风俗等都存在着差异，因此每个民族的歌曲都有自己的特色，从而形成了百花齐放的热闹场面。

（2）艺术歌曲

艺术歌曲是带钢琴伴奏的，以诗歌为歌词，以音乐表达诗歌情绪和想象的独唱歌曲，是为单声部声乐和钢琴而写的作品，是浪漫主义音乐中最富有特色的体裁之一。在艺术歌曲中，诗歌和音乐融为一体，声乐声部与钢琴结合一体。相比其他声乐体裁，艺术歌曲是具有反映时代意义的声乐独唱作品，它具有较高的艺术品位。艺术歌曲的歌词具有较强的文学性，并与音乐构成完美的整体，它是一种具有自身基本品质与艺术规范的声乐作品体裁。代表歌曲有《花非花》《问》《教我如何不想他》《大江东去》《玫瑰三愿》《魔王》等。

（3）叙事歌曲

叙事歌曲是指以叙述故事为特征，具有说唱风格性质的歌曲。歌词具有一定的故事情节，采用分节形式写成，节奏较为自由，旋律较为口语化，速度较为平缓。代表歌曲有《歌唱二小放牛郎》《听妈妈讲那过去的事情》《一封家书》《老房东查铺》《送货郎》等。

（4）诙谐歌曲

诙谐歌曲是指具有幽默、风趣、滑稽、批评、讽刺等特点的歌曲。这一类歌曲通常通过对歌词、节奏、旋律进行夸张处理来达到诙谐的效果。如通过在旋律中使用变化音、装饰音、大跳等表现手段来实现。其表现常常是妙趣横生，令人忍俊不禁。优秀的诙谐歌曲有《跳蚤之歌》《有位先生最爱笑》《三个和尚》等。

（5）进行曲

进行曲一般配合行进步伐，节拍强弱分明，节奏鲜明有力，富有朝气，有强烈的战斗性和时代感。进行曲曲式结构较为方整，对情绪的渲染比较独到。代表作品如《拉德茨基进行曲》《运动员进行曲》等。

（6）摇篮曲

摇篮曲因其助眠的目的而采用轻柔的音乐表达风格，它起初用于母亲哄睡婴儿，后逐渐发展为特定的音乐门类。其音乐形象一直沿用最初的亲切温柔，舒缓平和，旋律起伏较小。例如，舒伯特与勃拉姆斯的《摇篮曲》传唱都较为广泛。

（7）小夜曲

小夜曲原是中世纪欧洲行吟诗人在恋人的窗前吟唱的爱情歌曲，流行于西班牙、意大利等国家。我们可以想象：溶溶的月色之下，热恋中的小伙子怀抱吉他或是曼陀林站在心上人的窗下，拨动琴弦深情演唱，歌声优美多情、婉转缠绵。有时歌手还会请来朋友或职业乐师为自己伴奏，以期望能打动心爱的姑娘。如今小夜曲已经不再局限于男生演唱，伴奏乐器也更为多样化。较为著名的小夜曲有莫扎特的《G大调弦乐小夜曲》和舒伯特的《听，听，云雀》。

（8）船歌

音乐体裁中的船歌，通常指意大利威尼斯船家所唱的民间歌谣。"水上之城"威尼斯有一种叫"贡多拉"的小船，船歌起源于贡多拉船工工作时所唱的歌。到了19世纪，船歌逐渐成为人们所喜爱的一种浪漫抒情曲体裁。船歌的曲调淳朴流利，悠游自在，船歌多是3/8、6/8拍子，强拍和弱拍有规则地交替恰似小船的摆动。著名的船歌有门德尔松的《威尼斯船歌》和柴可夫斯基的《六月·船歌》等。

（9）清唱剧

清唱剧是一种包含了独唱、重唱、合唱和乐队伴奏的大型声乐体裁。16世纪末起源于罗马，最繁荣的时期是17世纪。清唱剧有咏叹调、宣叙调等形式，以音乐作为唯一的表现手段，没有歌剧那样的人物、表演布景和服装。这时已经发展为名副其实的"清唱"了。演员演唱时无须进行不同角色的扮演，只是以演唱为主，基本上没有表演动作。因为演唱内容大多出自《圣经》，所以也被称为"神剧"。它特别适合于表现历史上和现实生活中的重大事件，所以许多清唱剧常常具有壮丽宏伟的史诗气息。清唱剧的著名作品很多，如巴赫的《马太受难乐》、亨德尔的《弥赛亚》、海顿的《创世记》、门德尔松的《伊利亚》、柏辽兹的《基督的童年》等。现代作曲家也使用这种体裁，但大多赋予它新的内容，不再是宗教题材。我国著名的清唱剧有黄自的《长恨歌》。

（10）康塔塔

17世纪初产生于意大利的康塔塔，最初是一种独唱的世俗叙事套曲，以咏叹调和宣叙调交替组成，用古钢琴伴奏，后传入德国，逐渐发展成为一种包括合唱、重唱、独唱的声乐套曲，内容既有世俗题材，也有宗教题材。故事情节往往比较简单，戏剧性不强，偏重于抒情。康塔塔类似于清唱剧，但规模较之清唱剧要小，而且一起源就没有戏剧表演，只作为音乐会节目演出。例如，苏联作曲家普罗科菲耶夫的《亚历山大·涅夫斯基》这部反映历史题材的康塔塔就很受欢迎。

（11）套曲

声乐套曲是欧洲浪漫派作曲家偏爱的一种声乐体裁，是由若干首歌曲组成的大型声乐体裁。声乐套曲的写作很注意词曲的结合和精致的伴奏，主题总是有些内在的联系，贯穿全曲。代表作品有舒伯特的《美丽的磨坊女》和《冬日旅行》。

（12）歌剧

歌剧是一种高度复杂的音乐表演形式，融合了声乐、器乐、舞蹈、文学、戏剧表演和美术设计等多种艺术手段，以在有限的时间和舞台空间内呈现出丰富多样的艺术表现。

歌剧起源于16世纪末的意大利，经过时间的演进和传播，吸纳了不同国家和地区的艺术形式，逐渐形成了各具特色和风格的流派。

歌剧之所以被视为音乐表演形式中最复杂的一种，是因为它具备高度结构化的特点。它通常由多个幕、多个场景组成，每个场景中都有特定的音乐、角色和情节。这些场景之间通过音乐和剧情的交织与过渡进行连接，形成了一个完整而连贯的故事线。同时，歌剧还有其独特的演出形式，包括歌唱、对唱、合唱、独唱等不同的表现方式，使得演员需要具备出色的声乐技巧和戏剧表演能力。在歌剧中，声乐是最主要的表现手段之一。歌唱者通过运用各种声音技巧和情感表达，将角色的内心世界和情感流露得以传达，引发观众的共鸣和情感共鸣。同时，器乐也扮演着重要的角色，通过乐器的演奏和音乐的编排，为故事的情节发展和氛围的营造提供支持。它不仅是音乐表演的一种，更是文化交流和审美享受的重要载体，对世界音乐和戏剧的发展产生了深远的影响。在歌剧的发展历程中，由于地区、时代、题材性质的不同，又被分为正歌剧、喜歌剧、大歌剧、轻歌剧等。声乐部分由咏叹调、宣叙调、重唱、合唱序曲、间奏曲等组成。歌剧通常篇幅较大，且富有戏剧性，旋律性强，表现力丰富。欧洲著名歌剧有威尔第的《茶花女》、普契尼的《蝴蝶夫人》、罗西尼的《塞维利亚的理发师》、比才的《卡门》、柴可夫斯基的《黑桃皇后》等。我国自五四以来也出现了具有中国特色的歌剧，如《白毛女》《江姐》《洪湖赤卫队》等。

（二）器乐

用乐器演奏的音乐称为"器乐"。器乐包括从独奏到合奏各种演奏形式，并随着器乐艺术的发展而形成了众多的器乐体裁。

1. 乐器

乐器是提供给演奏者演奏音乐的器具。世界上古今中外的乐器浩若繁星，可以说，只要有人类的地方就有乐器。日本的一位学者统计世界上的古今乐器，数量达四万多种。以下是常见乐器的介绍。

（1）民族乐器

我国的民族乐器据估计有几百种，常用的乐器可以分为吹、拉、弹、打四类。吹管乐器有笛子、唢呐、笙、管以及云南少数民族的芦笙、巴乌等。拉弦乐器有二胡、高胡、板胡、中胡、革胡，以及蒙古族的马头琴、维吾尔族的艾捷克等。弹弦乐器有柳琴、琵琶、中阮、大阮、三弦、月琴、筝、古琴，以及哈萨克族的冬不拉、维吾尔族的热瓦普等。打击乐器有鼓、锣、云锣、十面锣、排鼓，以及梆子、木鱼、碰铃、方响等。

（2）西洋乐器

西洋管弦乐队所使用的乐器，根据乐器的构造、性能和演奏方法，大致可以分为以下几类：弓弦乐器、木管乐器、铜管乐器、打击乐器以及色彩性乐器。弓弦乐器有小提琴、中提琴、大提琴、低音提琴。这类乐器用琴弓擦弦，以手指触弦，经过琴弦振动和琴身共鸣，产生声波而发出声音。它们的构造相似，体积大小不同。每件弦乐器配有四根粗细不同的琴弦，琴弓由木杆与马尾制成。木管乐器有长笛、短笛、双簧管、单簧管、大管等。它们都是管状的吹奏乐器。各种木管乐器的音色优美而丰富。铜管乐器有圆号、小号、长号、大号、短号等。铜管乐器是用金属材料（银、铜）制成，发出的声音辉煌嘹亮。打击乐器有定音鼓、大军鼓、三角铁、响板等。此外还有色彩性乐器：钟琴、钢片琴、竖琴、木琴等。

钢琴是置有键盘的击弦乐器，全名叫"Piano·forte"（弱强）简称"Piano"。钢琴的前身叫"古钢琴"。现在使用的钢琴分为立式钢琴和三角钢琴（也叫"平台钢琴"或"音乐会演奏钢琴"）。

2. 演奏形式

器乐的演奏形式由人数的多少、乐器的种类和乐曲的体裁等来确定，可分为独奏、齐奏、重奏、合奏等。

（1）独奏

独奏指由一人演奏一件乐器，或一人演奏一件乐器而其他演奏者进行伴奏的演奏形式，如钢琴独奏、笛子独奏。

（2）齐奏

齐奏指由多人运用多件乐器演奏同一曲调的演奏形式，如小提琴齐奏、二胡齐奏。

（3）丝竹乐合奏

丝竹乐合奏指民族器乐合奏的一种形式。"丝"指二胡、琵琶等弦乐器，"竹"指笛、箫、笙等管乐器。丝竹乐合奏即弦乐与笙管乐的合奏，如江南丝竹、广东音乐等。

（4）弹乐合奏

弹乐合奏指以弹弦乐器（如琵琶、扬琴、三弦、中阮等）为主奏乐器的小型民族器乐合奏形式。代表作品如弹乐合奏曲《三六》。

（5）吹打乐合奏

吹打乐合奏指以吹奏乐器（如唢呐等）和打击乐器（如锣、鼓等）为主奏乐器的小型民族乐器的合奏形式。代表作品如吹打乐合奏曲《将军令》。

（6）民族器乐合奏

民族器乐合奏指由民族吹管乐器、弹弦乐器、拉弦乐器、打击乐器等合奏的大型合奏形式。

（7）重奏

重奏指每个声部均由一人演奏的多声部演奏形式。重奏可以由同类乐器组成，如木管四重奏；也可以由各种乐器混合组成，如钢琴五重奏是由钢琴、小提琴、中提琴、大提琴等乐器组成。重奏盛行于17、18世纪，常在西方皇家、贵族的宫廷、府邸中举行，因此，重奏的演奏形式常被称为"室内乐"。代表作品有柴可夫斯基创作的弦乐四重奏《如歌的行板》、舒伯特创作的《鳟鱼五重奏》。

（8）弦乐合奏

弦乐合奏指全部由弦乐器（小提琴中提琴等）参与演奏的合奏形式。

（9）管弦乐

管弦乐合奏是合奏音乐中表现力最丰富、运用最为广泛的一种演奏形式，它以弦乐为基础，音域宽广，音色丰富。

3. 器乐作品的体裁

器乐作品的体裁是丰富多样的，其中有的器乐作品体裁还与声乐作品的体裁相关联，如：进行曲、小夜曲、摇篮曲等。

（1）舞曲

舞曲最早是人们在劳动、节日、喜庆时边舞边歌的音乐。随着岁月的流逝，歌舞音乐逐渐演变成多形式，有的成为只作演奏用的舞曲，有的既可演奏又可以作为舞蹈伴奏，有的至今还留有歌词供演唱用。

我国歌舞音乐丰富多彩，如汉族地区的秧歌、藏族的锅庄、维吾尔族的赛乃姆等。这些歌舞有的只用乐器伴奏，有的是边歌、边奏、边舞的，有的渐渐变为单独供乐队演奏的舞曲。如蒙古族的安代舞曲、维吾尔族的木卡姆，常以器乐演奏形式出现。我国作曲家创作的器乐作品中，有不少是反映人民风俗生活的舞曲，如瞿维的钢琴独奏曲《花鼓》、丁善德的钢琴独奏曲《新疆舞曲第二号》。

国外音乐会上演奏的舞曲，最早也是应舞蹈伴奏而产生的，后来演变为专供乐队演奏的乐曲。以下是几种常见的舞曲体裁。

①小步舞曲

小步舞曲指起源于法国民间土风舞的三拍子舞曲。本是一种欢快活泼的舞曲，十七世纪传入宫廷后成为舞步较小、速度徐缓、风格典雅的舞曲。

②加伏特舞曲

加伏特舞曲指起源于法国古代民间的舞曲，传入宫廷后，被用于舞剧与歌剧中；后来又被作曲家采用，成为器乐组曲中的一个乐章。中速、四拍子，中间常插入以长音为衬托的风笛舞曲，前后形成对比，旋律常由短促的顿音构成一种跳动的律动。

③玛祖卡舞曲

玛祖卡舞曲指源自波兰的民间舞曲。中速、三拍子、重音变化较多，强拍常落在第二拍甚至第三拍上。情绪活泼热烈。

④波尔卡舞曲

波尔卡舞曲的"波尔卡"是译音，原文的意思是"半步"。波尔卡舞曲是源于捷克的一种民间舞蹈，19世纪中叶风行欧洲。一般为二拍子，三部曲式，节奏活泼，音乐热情而富于朝气，有的还带有幽默和戏谑的情趣。

⑤圆舞曲

圆舞曲指起源于德国、奥地利高地地区的一种叫"连德勒"的民间舞蹈。圆舞曲具有三拍子旋转、滑行的特点，旋律大都悠扬起伏、流畅，节奏鲜明；速度有快速的、中速的和慢速的；情趣多种多样，有的轻快热烈，有的优美抒情，有的柔和沉思。维也纳乐派的圆舞曲常采用套曲的形式，如圆舞曲《蓝色多瑙河》就是由序奏、五首小圆舞曲和结束部组成的大型圆舞曲。

⑥探戈舞曲

探戈舞曲指起源于非洲西部，19世纪后成为流行于阿根廷及其他拉美国家的双人舞蹈。中速，旋律与伴奏常形成交错节奏，有明显的切分节奏特色。

（2）进行曲

进行曲是依照步伐节奏进行创作的乐曲。可分为两种：一种供队伍行进时演奏，用来统一队伍的步伐和意志，给人以积极向上的感觉，如《运动员进行曲》；另一种供音乐会演奏，用作欣赏，如舒伯特的《军队进行曲》。进行曲大都充满热烈和雄壮的气氛。根据进行曲的性质和效用分类，有反映军队、少年儿童、青年以及运动员等不同对象的进行曲，有描绘战斗、凯旋、葬礼、婚礼的进行曲，还有歌剧、舞剧音乐中在各种场面中演奏的进行曲。不同的进行曲虽然表现不同的音乐形象，具有不同音乐风格，但都具备均匀清晰的节奏，富有形象的旋律，结构整齐，通俗易记。

（3）序曲

序曲原是西欧17世纪歌剧中开幕前由管弦乐队演奏的乐曲。18世纪后，这种歌剧序曲常用来预示剧情，音乐内容常常是剧情的概括和缩影，也有的是专门为营造与剧情相适应的情绪和气氛而作。由于很多歌剧的序曲具有很高的艺术价值，所以常在音乐会上作为独立的器乐曲来演奏，如歌剧《卡门》中的《卡门序曲》。序曲后来逐渐发展成为不附在任何作品前面的、独立的、专供音乐会上由管弦乐队演奏的音乐会乐曲，如柴可夫斯基的《1812序曲》、李焕之的《春节组曲》中第一乐章《春节序曲》。

（4）交响诗

交响诗为作曲家李斯特首创，是音乐同文学艺术（诗歌）或哲学思想相结合，具有抒情性、叙事性或戏剧性的有标题的单乐章管弦乐作品。内容大都是抒发作曲家的思想感情与表达感受。如辛沪光的交响诗《嘎达梅林》、捷克作曲家斯美塔那的交响诗套曲《我的祖国》。

（5）交响音画

交响音画是指带标题的、富有描写性与叙事特征的乐曲，描绘对象常有人物、动物，有故事情节，有画面感。如俄罗斯作曲家鲍罗廷的《在中亚细亚草原上》、俄罗斯作曲家普罗科菲耶夫专为儿童创作的交响童话《彼得与狼》。

（6）组曲

组曲是由若干短曲连为一体，但其中各曲又具有相对独立性的管弦乐曲或钢琴曲。古典组曲由各种舞曲连接而成，如巴赫的《法国组曲》等。近代组曲有从大型作品（舞剧、歌剧、电影音乐）中选出片段，连缀而成的作品，如柴科夫斯基的《天鹅湖》组曲，格里格的《培尔·金特》组曲，我国作曲家王酩根据同名电影音乐改编的《海霞》组曲等。近代组曲还有专供乐队演出而创作的组曲，有的用民族音乐素材写成，有的根据特定标题而作，如俄罗斯作曲家里姆斯基·科萨柯夫创作的交响组曲《舍赫拉查达》（又名《天方夜谭》）等。

（7）奏鸣曲

奏鸣曲是由一件独奏乐器演奏，或由一件独奏乐器和钢琴合奏的器乐套曲。器乐套曲是包含几个乐章的乐曲，例如奏鸣曲、交响曲、协奏曲和组曲。奏鸣曲、交响曲和协奏曲是同一类型的器乐套曲。它们和组曲相比，结构更严谨。

奏鸣曲通常由四个各具特色的乐章组成，也有两个、三个，甚至一个乐章的奏鸣曲。著名的奏鸣曲有贝多芬创作的钢琴奏鸣曲——《月光奏鸣曲》《热情奏鸣曲》，莫扎特创作的小提琴奏鸣曲——《A大调奏鸣曲》等。

（8）交响曲

交响曲是一种富于戏剧性的大型管弦乐套曲。简单地说，交响曲是由管弦乐队演奏的奏鸣曲。交响曲和其他音乐体裁相比，它的结构庞大，色彩绚丽，音响丰满，发展充分，能够通过多种音乐形象的变化发展来深刻地揭示人的情感、心态、体验和种种矛盾冲突。交响曲和奏鸣曲一样，通常包含四个独立的乐章，但是各个乐章又是互相联系的。它们按照一定的关系先后排列，构成一个艺术整体。如贝多芬《第五（命运）交响曲》。

（9）协曲

协奏曲是独奏乐器和乐队协同演奏的器乐套曲。在协奏曲中，有时由独奏乐器主奏，有时则由乐队独当一面，两者好像在互相竞争，所以协奏曲又称"竞奏曲"。如小提琴协奏曲《梁山伯与祝英台》。

（10）特性乐曲

所谓"特性乐曲"，是指为特定的目的创作，或是在特定的场合演出，在体裁上有鲜明特征的乐曲，如小夜曲、摇篮曲、夜曲、无词歌、谐谑曲、幽默曲、即兴曲、幻想曲、随想曲、狂想曲等。这类乐曲大都是器乐曲，但其中有些体裁既有声乐曲又有器乐曲，如小夜曲、摇篮曲。

①小夜曲

小夜曲原是指在欧洲流传的爱情歌曲。每当黄昏和夜晚来临，青年人背着吉他，徘徊在恋人的窗前，边弹边唱着绵而婉转的歌。后来作曲家创作类似这种情绪的歌曲和乐曲，都被称作"小夜曲"。如舒伯特写的一首脍炙人口的《小夜曲》，旋律轻盈婉转，伴奏模仿拨弦乐器的声音，时而和歌声相应和，创造了一种优美恬静的意境。而用弦乐四重奏演奏的小夜曲既轻快又活泼，如莫扎特创作的《G大调弦乐小夜曲》。

②摇篮曲

这类作品一般都很简短，音乐形象温存、亲切、安宁。曲调平静、徐缓、优美，伴奏中常常带有摇篮摇荡的韵律。如舒伯特的《摇篮曲》和勃拉姆斯的《摇篮曲》；我国东北民歌《摇篮曲》，曲调悠扬、恬静、细腻，具有浓郁的地方风味。器乐摇篮曲不限于催眠和描写婴儿入睡，更多的是抒发内心的思想感情，刻画宁静而富于诗意的精神境界，如肖邦的《摇篮曲》就是一首意境深远的钢琴音诗。我国著名音乐家贺绿汀也写过专供钢琴演奏的摇篮曲。

③夜曲

夜曲原文的意思是"夜间的音乐"，通常是指一种具有恬静气质和沉思默想性格的抒情器乐短曲。肖邦创作的二十一首夜曲旋律恬静优美，钢琴织体精雕细琢，以浪漫主义艺术风格描绘大自然的景色，倾诉着作者心灵的话语。

④无词歌

顾名思义，无词歌是一种没有歌词的歌，宛如歌曲般的抒情钢琴小品。浪漫派作曲家门德尔松率先创作的四十九首钢琴独奏无词歌，旋律优雅、温柔、淳朴、真挚、热诚，具有歌唱性，所表达的思想情感比歌词还要明确。

⑤谐谑曲

谐谑曲指一种三拍子的器乐曲。具有节奏活跃、速度较快、富有生气、乐观而幽默的特点。

⑥幽默曲

幽默曲指和谐谑曲相近，但不限于三拍子。一般带有幽默诙谐的风格，轻巧可爱，富有生气。

⑦即兴曲

即兴曲是指没有任何规划和构思的音乐创作形式，随着时间的推移，这种演奏与创作的方式逐渐被作曲家以更为传统的创作方式取代，即将乐谱完整地记录后再进行作品演奏的方式。但即兴曲并未完全消失，其表演时的自由度和创造性使其仍有存在的空间。即兴曲结构完整，形式简洁，曲调细腻动听，充满真挚动人的抒情性。

⑧幻想曲

幻想曲原文是"想象"的意思，格调上带有即兴创作的特点。作曲家可以根据自己的想象自由发挥，形式自由，不拘一格，表现丰富，情绪奔放。

⑨随想曲

随想曲指近似幻想曲，结构自由，常常采用民歌旋律作为发展的主题。

⑩狂想曲

狂想曲是指感情奔放的幻想曲。常常以缓慢的民间歌曲曲调为主题，经过变奏和发展手法，与快速的民间舞曲相交错，从而形成高潮，音乐富于民族特色。匈牙利作曲家李斯特写过十九首《匈牙利狂想曲》，都是根据牙利城市歌曲和舞曲音调加工发展而成的钢琴曲，具有鲜明的民族色彩。

⑪前奏曲

前奏曲原来是指歌手在歌唱前用钢琴作伴奏的一个引子,直到19世纪,它才成为一个独立的带有即兴性质的小型器乐曲。前奏曲以钢琴曲居多。

⑫间奏曲

间奏曲原来指在歌剧、舞剧或话剧的幕与幕之间演奏的器乐曲,后来在德国作曲家舒曼和勃拉姆斯笔下,成为独立的器乐作品。独立的间奏曲是一种形式自由、清新简洁、短小精悍的器乐曲。

二、音乐艺术的特征

音乐以乐音为基本材料,通过有机的组合方式,以演唱或演奏的形式产生特定的音响效果。这种艺术形式是通过引起人们各种情绪和情感体验的反应,使其成为一门独特的艺术。演绎者通过表演将音乐作品传达给观众,让他们深刻地感受到音乐的魅力。

(一)音乐是声音的艺术

1. 音乐以音响标志着它的存在

声音是音乐艺术的物质材料。就声音的物理特性而言,它由物体振动所产生,不能在视觉上给予人类其存在的鲜明特征,而是短暂、无规律的,没有明确的语义含义。尽管如此,声音却能够强烈刺激人类的情感,直接吸引人们的注意力并激发情绪反应。因此,美妙的声音成为传递情感的重要手段。声音的广泛传播的特性使得音乐具备了巨大的情感表达能力。

2. 音乐是一种创造性的音响

在人类社会中,存在三种主要类型的声音,包括自然声音、语言声音和音乐声音。大自然中存在的声音是自然形成,没有人类干预的,并不属于音乐声音。与此不同,音乐中的乐音是非自然的,这种音乐展现了音乐创造性的特质。音乐的创造性不受限于音乐的规模,无论是小型还大型音乐,其中的创造性特质都是其区别于自然声音的标志。

每一部音乐作品的诞生都凝聚着创造者的心血。作曲家在进行音乐创作时,常常亲身体验想要创作的体裁相关的环境与生活。例如，聂耳在创作《码头工人歌》的过程中，深入码头体验劳工的生活，用音乐谱写出劳动人民的心声。音乐创作完成后，还需要演唱者的精心表演，才能充分发挥音乐的情绪感染的特性，表达音乐创作者和表演者共同的关于音乐的情感。因此，音乐创作、音乐表演都是充满创造性的艺术活动。

（二）音乐是听觉的艺术

声音需要依靠人的听觉去感受，因此，音乐是一种听觉的艺术。音乐以旋律、节奏、节拍、力度、速度等多种形式的变化，不断丰富听众的听觉体验，音乐的丰富形式，让听众处于变化的氛围中，体会到不同的情感体验。听觉感知是音乐审美最基本的要素，听众通过接受音乐表演者的声音来感受音乐中的情绪，获得完善的情感体验。在听觉的享受中，听众可以获得身临其境的感受，与音乐创作者和表演者拥有相似的音乐体悟。

（三）音乐是时间的艺术

1. 音乐在时间中展现与发展

因为音乐是由声音组成的，所以它具有声音共有的特点，即音乐的瞬时性。换句话说，音乐作品在时间中展示和发展，音乐表演需要占用具体的时间。此外，在音乐进行过程中，休止符表示的音响暂停和间隔虽然没有声音，但同样占用一定的时间。因此，音乐作为一种艺术形式，通过时间的推移和组织来表达情感和构思，使得听众能够沉浸其中，体验音乐带来的美妙。

音乐与运动相似，给人一种奔放的感觉，却又不会在消逝后留下任何痕迹。音乐作品是从音乐素材中进行精心加工，包括旋律、节奏、音程、和声、调式、调性以及配器等各种元素，最终按照人们的设计将其呈现出来，如同一种运动的表达。换言之，音乐是一种在运动中诞生的艺术形式。在科学技术尚不发达的年代，人们没有办法留住声音。俞伯牙的琴声、古罗马角斗场的鼓号声究竟是怎样的，永远都是个谜。

音乐，是一种与时间同在且不停发展的艺术形式，是一种无法重复的存在。其时间属性使其成为一种令人遗憾的艺术。歌唱家和演奏家在特定环境和情绪下对音乐作品的理解和表现永远不会完全相同，他们精彩的演绎只能是独一无二的。尽管现代技术已经能够保留，但音乐除了表演者的再现，还需要欣赏者的情绪相互配合。不同的环境和欣赏者的心理状态使得对同一作品的理解和感受独特而有别。对于即兴演奏或演唱的音乐来说，虽然可能动人心弦，但无法进行完全的复现，当时的听感自然也不能反复体会到。

2. 音乐是一种再现艺术

经过长期的发展，音乐逐渐形成了一个完整的体系，其中包括作曲家创作乐谱、表演者通过实际演奏将音乐声音呈现给观众，而观众则聆听音乐并欣赏。如今，科学技术的不断进步为音乐的再现提供了广阔的空间。音乐再现的手段大致上可分为两类：即"创作再现"和"固定再现"。

创作再现指的是音乐作品只有通过表演者的演唱、演奏才能使听众体会、感受音乐的形象。每一次现场演出都不是一丝不差地重复，而是表演者一次新的创作过程，这叫作"二度创作"。

固定再现则是科学进步的产物。现代科学技术的发展，特别是电子技术的发展，使人们保留声音的手段不断提高，人们可以不需要艺术家进行反复的二度创作去再现音乐作品。音乐作品实现了让听众身临其境般感受作品演出气氛的过程。这种不断重复的展示，称为"固定再现"。

（四）音乐是情感的艺术

1. 音乐中的声音是非语义性的

音乐和语言都是用声音来表达的。音乐与语言不同，它是一种独立存在的艺术形式，仅限于艺术交流的范畴。音乐的声音并没有固定的含义，与语言不同，它不依赖于约定俗成的符号系统。音乐通过声音来传递情感和表达意境，而每个人对音乐的感受和理解都是主观而个体化的。因此，音乐可以被不同的人以不同的方式解读和感受，这也是音乐的独特魅力所在。它超越了语言的界限，能够直接触动人们的内心，带来无法言表的情感体验。如果说一首歌曲具有语义，这是因为有了歌词的语义，而旋律本身不具有确定的含义。人们常常会看到同一个旋律被填上不同的歌词，成了不同内容的歌曲，就是这个道理。在某些情况下，音乐中的声音可以具有一定的约定性含义。在这种情况下，表演者和听众之间可以建立一种暂时的约定，使得音乐的声音具有一定的约定含义。

不过，这种约定性含义是相对于特定的文化背景和音乐形式而言的，并且只在狭窄的范围内有效。大多数音乐作品并没有固定的语义含义，而是以情感和表达为主导。音乐的美妙之处在于它可以超越语言界限，以非语义的方式传达情感和表达意境。音乐给予个体自由而个性化的体验，不同的人可以以自己独特的方式感受和理解音乐。

2. 音乐是一种具有表情性的音响

哲学家黑格尔曾经对语言的声音和音乐的声音做过比较。他认为，诗歌中语言的声音"是表达思想和内容的符号"，而音乐"凭借其对声音的组织和安排进行情绪的表达"。它"不需要借助语言中具体词汇，而只需将声音作为独立的处理元素"。[1]

音乐与语言声音在功能和目的上存在显著差异，然而人们常将音乐的音响与某些语义内容相关联。这种现象可能源于音乐和语言共享的表演元素，即表情音调。语言中的表情音调通常能决定整体语义，体现在音调的高低、大小、粗细、刚柔等变化上。这种变化方式同样存在于音乐中。尽管音乐的声音本身没有明确的内涵，是非语义性的，但通过音调变化，音乐能传递基本意义。例如，在小提琴协奏曲《梁山伯与祝英台》中，小提琴和大提琴的互相呼应通过表情音调传递离别时情人内心真挚的表达。虽然这种表达方式不属于语言领域，不涉及语义要素，但却创造了与语言表达相似的情感效果。因此，音乐的声音具备丰富的表情特性。

3. 情感审美是音乐审美的特征

歌德说："音乐是情感的艺术，它直接针对着心灵。"[2] 它能够触动人们最深处的情感，给予灵感和安慰。音乐的节奏和旋律可以激发人们的动力和奋斗精神，让人们充满力量去实现梦想。当人们遇到挫折和困境时，音乐是一种强大的力量，能够给予鼓励和勇气，让人们坚持不懈地追求自己的目标。音乐也是一种跨越语

---

[1] （德）弗里德里希·黑格尔. 美学[M]. 长春：吉林大学出版社，2005.
[2] 王家祥. 音乐[M]. 上海：上海音乐出版社，2013.

言和文化的媒介，它能够促进人与人之间的理解和交流。不同地域和民族的音乐具有独特的风格和特点，通过欣赏和学习各种音乐形式，人们能够更好地了解不同文化背景下的情感表达和生活方式。此外，音乐还能够带来情绪的救赎和心灵的平静。在繁忙的现代社会中，人们常常感到压力和紧张。然而，当沉浸在动人的旋律中时，音乐能够使人暂时抛开烦恼，寻求内心的宁静。它创造了一个逃离现实的空间，给人以沉思、放松和治愈的调整空间。

　　音乐在表现人的情感方面，其生动性、深刻性、细腻性是无与伦比的。贝多芬说过："语言的尽头是音乐出现的地方。"[①] 音乐被人们称为"情感语言"，也是人类的共同语言。音乐作为一种艺术形式，通过声音和旋律传递情感，展示了情感与创造力的交融。它以独特的方式表达和诉说人类的情绪，不论是喜悦还是悲伤。音乐能够使人们的内心得到抒发，成为情感宣泄的媒介，是情感表达的重要途径。

---

① 沈尊光. 中国音教论文集锦[M]. 北京：中国文联出版社，2004.

第二章　音乐教学概述

音乐教育是美育的重要手段，有助于培养学生的艺术素养和综合能力。音乐课程的学习能够提升学生的人文素养和审美能力。此外，音乐教育有助于培养学生的创造力和智力，促进其全面发展。科学和创新的教学方法在音乐教育中发挥重要作用。本章为音乐教学概述，主要介绍了两个方面的内容，分别是音乐教学的基本理论、音乐教学的基本原则。

第一节　音乐教学的基本理论

一、音乐教学目标设计的心理学理论

音乐教学目标就是音乐教师在教学活动中所期待的学生的学习结果。教学目标对整个教学活动都起着非常重要的作用。教学活动的开展也始终围绕着教学目标而展开，它引导和制约着音乐教学过程的设计，是教学过程中至关重要的一个环节，对教学过程起到引导、规划、激励、评定等多方面的作用。

在众多关于教学目标的理论分析中，根据音乐教学所注重的特殊性（注重传授音乐知识、强调音乐情感交流、重视音乐技能训练），以美国当代著名教育学家、心理学家布卢姆关于目标分类的理论最具有代表性。他将教学活动所需要实现的整体目标分为三个领域，即认知、情感、动作技能，再分别从三个单独的领域出发，细化每一个领域所要实现的最终目标。[1]

在布卢姆这一理论的基础上，下面对音乐教学目标的设计从不同角度去探讨。音乐教学目标的设计与其他学科有一定区别，无论从教与学的心理学角度、教学

---

[1] 曹长德，孙晓青. 教师职业技能训练教程 [M]. 芜湖：安徽师范大学出版社，2017.

大纲要求，还是实施素质教育的角度，音乐教学的最终目标都是培养学生对音乐的感受能力、表现力、创造力，让学生在音乐中陶冶情操、提高艺术素养，而不仅仅是掌握音乐理论知识和音乐技能。这是其他学科所不具备的教育功能。

（一）音乐教学中认知教学目标的确立

认知是通过人们一系列的心理活动从而获取知识，如概念形成、知觉、判断或想象等。根据布卢姆的教育目标分类，认知方面的教学目标主要包括知识、领会、运用、分析、综合、评价六个目标水平。《音乐课程标准》中又将音乐知识的掌握水平分为三个方面，即音乐基础知识、音乐创作与历史背景、音乐与相关文化。

1.音乐认知教学目标水平

（1）知识

知识是学习任何学科的基础认知，即对先前学习过的材料的记忆，如材料的具体事实、方法、过程、理论等记忆。在音乐教学目标中，音乐知识的认知是教学的最基本水平，学生需要通过记忆来处理具体的音乐活动、音乐现象的方式和方法，以及掌握音乐领域的普遍和抽象知识。

（2）领会

领会就是指领悟到了不同事物所蕴含的道理，对其深有体会。领会是建立在对某一特定事物进行深入思考和体会的基础之上的，是一种发自内心的真实感受。对音乐的领悟，就是对音乐教材内容、音乐观念、音乐现象所表现出的事实和理论能力的感悟。对于音乐材料和音乐问题的理智操作来说，领会是一种基础的处理方式，但是领会又超出了对音乐知识记忆和掌握的单一层面，是高于这一基础的理解水平。它可以凭借三种形式来完成对音乐材料的领会。

第一，转化，即利用自身原有的知识基础和表达方式来理解不同的音乐信息。

第二，解释，即对音乐传播内容的说明或总结。

第三，推断，是指超越特定音乐事实的范围，对其可能产生的影响、后果等进行预测的能力。推断需要考虑音乐事实的发展趋势和可能性。

（3）运用

运用是指根据不同事物的特性加以利用。在音乐教学中，运用能力指运用自己所具备的音乐原理或音乐观点的能力。运用能力指音乐实践者能在特殊的、具体的音乐情境中运用所学的音乐概念、规则、方法、规律和理论，是一种较高水平的理解能力。

（4）分析

分析是指将事物、现象、概念分门别类，解剖出本质及其内在联系。在音乐中，分析是将音乐现象、事物和活动分解成组成部分和因素，以研究它们之间的内在联系。这有助于理解不同层次的音乐观念以及不同音乐作品所传达的观念之间的联系。

（5）综合

综合是指集合部分构成整体的能力，有"集合""总聚"的含义。在音乐教学中，综合能力主要是指对不同音乐作品和艺术现象的整合和创作能力、融合多种音乐观点形成新的音乐理论的能力、超越现有音乐认知水平的能力、提出新的音乐见解的能力、独创交流音乐成果的能力等。

（6）评价

评价是指对一个人或某一事物进行判断、分析后的结论。在音乐教学中，评价是为了特定目的对音乐观念、音乐实践方法和音乐现象等进行价值判断的行为。作为音乐认知和学习的最高水平结果，评价包括根据内部准则和外部准则两个标准进行判断。

2. 音乐认知教学目标分类

音乐认知教学目标的层次与音乐认知水平的提高呈正相关，因此在对音乐认知教学目标进行分类时，需要明确其对应的音乐认知水平。随着学习者的音乐认知水平逐渐提高，教学目标可以分为不同的层次和细分领域。不同类型的音乐教学目标有不同层次音乐认知水平。音乐教师应该根据布卢姆教育目标分类理论来设计具体的音乐教学目标和课程，这样音乐教学就会逐渐摆脱传统的随意性而逐渐趋于系统性，音乐教学效果会更突出并具有针对性。

（二）音乐教学中情感教学目标的选择

情感的概念含义较为广泛，主要包括道德感和价值感两个方面，它通常表现为一系列心理现象，包括情感体验、内在感觉、需求、欲望和价值追求。从本质上讲，情绪是一种反映客观环境与个体自身需求之间关系的心理过程。这包括各种方面，如经验情绪、倾向、人格特征的形成和改变，将其与认知概念区分开来。音乐本身就是人们在精神层面的一种艺术追求，所以其情感目标应当是首要的教学目标。

1. 音乐情感教学目标水平

1964年，心理学家克拉斯沃尔在价值内化的基础上，将情感领域的教学目标分为极具个性的五个级别，即接受、反应、价值化、组织、价值体系个性化。[①]

（1）接受

接受是人们的一种认同类行为，在音乐教学中是指学生作为受教育对象，倾向于关注音乐教学过程中的某一特殊现象或刺激。从教学角度来看，学生的接受程度和教师的直接引导有着直接关系。

学生在音乐学习过程中的学习结果，包括从意识音乐现象中的某事物存在的基础注意和选择性注意。这是一种较为低层面的价值，主要包括觉察、愿意接受、有控制或有选择地注意三个层次。觉察就是指学生在音乐学习过程中注意到了某种音乐情境、音乐现象、音乐客体或音乐事态；愿意接受则是指对音乐所表现出的某种刺激所持有的态度，或中立，或批判；有控制或有选择地注意，即对音乐刺激所作出的不同区分。

（2）反应

反应是指学生在接受到外界刺激时所引发的一系列相应活动，同时也指学生自我本身所注意到的某种音乐现象。这种反应基本可以分为三个层次，即默认的反应、愿意的反应、满意的反应。默认的反应是一种被动的、顺从的行为；愿意的反应是一种主动、自愿的行为；满意的反应是伴随自身愉悦心理活动的一种冲动行为。

（3）价值化

价值是指学生将音乐对象、音乐现象或音乐行为，与一定的价值标准相联系，其中主要包括三个方面：价值的接受、对某一价值的偏好、对音乐的信念。价值

---

① 孙新宇. 基于音乐心理层面的音乐教育探索与应用[M]. 长春：东北师范大学出版社，2018.

的接受就是将某种价值归于某一种音乐现象、音乐行为、音乐客体等；对某一价值的偏好，就是对某一种音乐现象和音乐行为的追求和寻找，以及希望得到的境界；对音乐的信念就是对音乐的信奉，对某一种音乐的高度确认和认同，并用音乐来完成有价值的事情。

（4）组织

组织就是将诸多要素按照一定的方式和标准相互联系起来的系统。这里所说的组织，是指在音乐学习过程中，学生将具有不同价值标准的音乐进行组合，从而解决它们之间的冲突和矛盾，并重新建立起一套一致的价值体系。这一过程包括将特定形态的音乐价值与学生已经形成的价值观或特定的价值联系起来的概念化，以及将多种音乐价值整合为一个有序关系的价值体系。

（5）价值体系个性化

价值体系个性化是指学生不同个体通过音乐接受、音乐行为反应、音乐价值化和音乐组织等价值体系的内化过程，最终将所获得的音乐知识和音乐观念形成具有个人特点的价值体系。这个过程是一个预期目的，这种结果的形成还需要通过广泛的音乐活动来强调学生音乐行为的典型化和性格化。

2. 音乐情感教学目标分类

音乐教学的情感结果是音乐教育的最重要结果，因此教师应使自己具备发展与评价音乐情感行为的能力，否则就失去了判断音乐课程效果的标准和修订音乐课程的依据。但是对含有情感因素的具体音乐行为进行分类，仍需进一步的深入研究。从布卢姆情感目标分类理论中我们可以得到如下启示。

（1）基础音乐教学的情感目标

从小学到初中阶段，学生的音乐审美心理经历了由接受音乐到对音乐有所反应，再到形成对音乐的价值判断的发展过程。这一过程中，学生的审美态度由简单的相似性判断逐渐转变为更加个性化和审美意识的表达，并形成了对音乐作品的独立评判。特别是初中阶段，学生的逆反心理较为明显，他们对教师的教学意见可能持有不同看法。教师在教学中应积极引导和理解这些发展特点。

（2）高中到大学毕业音乐教学的情感目标

音乐教师应以"接受""反应"层次为基础，逐步强化和强调"价值化"和"组织"的情感教学目标。

（3）研究生阶段音乐教学的情感目标

音乐教师应着重强调"价值体系的个性化"，以便从情感角度形成学生的音乐个性。在整个音乐教学过程中，音乐教师在对学生进行情感引导时，必须根据不同年龄段和学段仔细地考虑和选择音乐教学情感目标的不同层级。

二、迁移理论

迁移理论在教育教学领域通常指学习迁移理论，也称为训练迁移，主要研究学习在不同环境中的转移和应用。音乐学科与其他学科具有紧密的关联性，各个学科之间的内容又根据其层次和类型的不同而互相促进，对学生的学习能力发展、学习习惯培养和身心成长具有深远的影响。因此，在音乐教学中，应该充分利用迁移理论多学科优势结合的特点。然而，学习迁移理论的类型多样且理论复杂，音乐教师在课堂教学设计中需要有目的地应用。

学生的音乐学习效果受多个因素影响，包括教师、学习方法、学习内容、个人认知结构和学习习惯。因此，在音乐课堂设计中应用迁移理论时，教师应综合考虑教学目标、学生个体需求和特点。为了提高音乐课堂教学效果、激发学生兴趣、培养持续学习音乐的习惯以及培养出色的音乐素养，优化教学设计是至关重要的。

（一）善用知识迁移，感知音乐要素

1. 注重教学内容编排

音乐教师需理清音乐学科课程体系中的重难点，根据学生、教学环境等的实际条件合理调整教学内容，在有限的课时内让学生掌握尽可能多的音乐知识。在应用迁移理论进行高中音乐教学时，音乐教师要在复杂的教学内容中寻找易于学生吸收的部分，做好不同层次、不同类型教学内容之间的衔接。让学生将掌握的知识应用到不同的学习领域，增强学生的音乐敏感度，使学生做到触类旁通，从而降低音乐教学的繁杂度。

当教师教授《山谷回响》这个单元时，除了需要认真研读有关听、唱、动、

奏等内容，还可以与《采山谣》这一单元的内容联系起来，达到知识迁移的效果。学生可以依据两个单元的共同点——以山为背景，深刻体会音乐中人们的日常生产生活和山谷中的回音的表现方式，感悟其中的情景表达。音乐教师可以利用知识迁移理论，通过整合之前学过的相关内容，帮助学生更好地理解新知识。在音乐学习过程中，学生需要表现出演唱能力，如通过演唱衬词和拟声词展示他们的技巧。在《山谷回响》的教学中，教师可以引导学生通过分声部演唱来模拟回声效果。通过这样的教学方式，学生可以培养音乐情境感知能力和节奏感知能力。

2.音乐欣赏，具体感知

音乐教学的有效实施需要综合考虑音乐演唱和音乐欣赏这两个关键维度，并积极应对学生在这方面可能存在的问题，如缺乏专注力和对音乐欣赏教学的认知，认为其毫无意义。

在音乐教学中，教师可以采取一些策略以促进学生对音乐要素的感知，从而提升他们的音乐欣赏水平和课堂专注力。其中一种有效方法是通过知识迁移的方式，将学生已经掌握的知识或技能应用到音乐教学中，从而帮助他们更好地理解和欣赏音乐。教师可以引导学生，将他们在其他艺术形式中学到的技巧或概念（如戏剧、绘画或舞蹈）与音乐相结合。通过比较、类比或对应的方式，学生可以将已有的视觉、情感或空间感知转化为音乐欣赏的元素，加深对音乐的理解和感受。教师还可以通过提供多元化的音乐体验和素材，来激发学生的兴趣和好奇心。引入不同类型、风格和文化背景的音乐作品，鼓励学生主动参与音乐欣赏过程，以培养他们对多样性音乐的欣赏能力和开阔审美视野。

对于学生缺乏专注力的问题，教师可以设计具有趣味性和参与性的音乐活动，例如小组合作、角色扮演或音乐游戏等。这些互动式的教学方法可以吸引学生的注意力，增强他们的参与度和投入感，同时帮助他们在轻松愉快的氛围中更深入地理解音乐。教师还应关注和支持学生的个体差异和兴趣发展。通过了解学生的喜好、兴趣和学习风格，教师可以为他们提供个性化的音乐学习资源和活动，鼓励他们主动参与音乐演唱和音乐欣赏的实践，从而增强他们的学习动力和目标感。

(二)技能训练迁移,促进主动学习

1. 听唱演编层层递进

音乐教学的目标是全面培养学生的音乐综合能力,包括音乐欣赏、演奏和创作等方面。教材以听、唱、动、奏为主要内容,通过引入活动与创造环节来提升学生的音乐应用能力。基于迁移理论,音乐教师应从欣赏、演唱、活动和创作四个方面培养学生的音乐技能,丰富他们的音乐训练。音乐欣赏注重培养学生的音乐感知力和理解能力,唱歌环节通过提问来引导学生思考歌曲主题,以提升演唱效果。在活动与创作环节,教师可以引导学生运用乐器演奏歌曲,并鼓励他们改编和演绎曲目,以加深对音乐学习的印象。音乐教育旨在培养学生全面发展的音乐能力,并通过不同环节激发他们的创造力和应用能力。

2. 组织综合音乐活动

迁移理论指出,音乐教学应注重培养学生在不同情境下运用音乐技能和知识的能力。为了避免学生对单一技能训练感到乏味和疲倦,音乐教师可以采用多样化的教学形式和活动。综合性的音乐活动可以提供一个多元化的学习环境,为学生创造耳目一新的音乐体验。

通过组织综合性的音乐活动,学生可以参与不同的音乐表演、合作创作和音乐游戏等,这些活动能够帮助他们在实践中熟练掌握和训练多种音乐技能。例如,学生可以参与合唱团演唱、乐团演奏,或是参与音乐剧的编排和表演,这样有助于学生在实际演出中融会贯通各项技能。此外,音乐游戏和创作活动可以激发学生的创造力和想象力,培养他们独立思考和解决问题的能力。

通过多样化的音乐活动,学生能够在更具挑战性和激励性的情境中运用所学的音乐知识和技能。他们由被动的知识接受者转变为主动的参与者和应用者,从而提高音乐学习的效果和乐趣。

三、多元智能理论

"多元智能理论主张人具有八种以上相互独立但相互促进的智力潜力,教育教学应强调对学生多元智能的开发,以促进学生智力的全面发展。"[1] 因此,我们

---

[1] 常涛,徐晖,李冉.高职院校专创深度融合创新实践[M].北京:中国纺织出版社,2022.

可以根据我国教学的实际发展情况，结合我国素质教育理念和多元智能理论，探索在音乐鉴赏教学中合理运用多元智能理论来培养学生的可行路径。

（一）多元智能理论的内涵

"加德纳的多元智能理论拓宽了对智力的理解，挑战了传统对智能的单一认知，认为人类的智力是多样化的，可以在不同领域实现多元发展。"[①] 多元智能理论主张教学应该注重发掘和培养学生的智力潜能。该理论强调教育教学与智能发展的紧密结合，采用多元化的评估方法，从多角度观察学生的学习历程，为学生提供个性化的综合评估结果。这一教育教学理论的出现为深化素质教育提供了可行的理论基础。

（二）多元智能理论对高中音乐鉴赏教学的启示

将多元智能理论应用在高中音乐鉴赏教学中，需要坚持以人为本，明确学生在教学过程中的主体地位，让学生真正参与到音乐学习中，尊重学生差异，为学生提供不同方向的音乐指导，多角度观察学生的学习历程，为学生提供符合其个人特点的综合评价，促进学生全面发展和个性特色的差异化发展。

（三）多元智能理论在高中音乐鉴赏教学中的应用

实践运用多元智能理论在高中音乐鉴赏教学中，要充分发挥学生的音乐智能，并考虑到不同学生的智能结构差异。虽然音乐智能是学生潜在的主要智能之一，但并非每个学生都具备音乐智能。因此，在设计多元化音乐鉴赏教学模式时，需要给予学生不同智能的发展空间，实现学生的个性化发展和全面发展。要开展灵活丰富的教学组织活动，完善音乐鉴赏教学体系，创新音乐鉴赏教学模式，为学生的多元智能的发展提供有利条件。

[①] 孙嘉. 普通高中音乐鉴赏课教学评价指标的建构研究[D]. 武汉：武汉音乐学院，2022.

第二节　音乐教学的基本原则

音乐教学原则是教师根据自身实际的教学经验总结出的促进学生全面发展的教学指导方针，是符合学生个性化发展规律的理论总结。

对教学原则的学习和研究有利于教师深入了解提升教学效果的路径，有助于完善制订教学原则的依据和要求。对教学原则的学习和研究能够深入理解教学的本质和规律，帮助教育工作者、教师和学生更好地发挥各自的主动性和积极性，并促进教学任务的全面完成。此外，教学原则也是评价教学质量和效果的主要尺度，是检测教学效果的重要工具。

制定教学原则需要依据教学客观规律和教学目的，并在教学实践中不断实践和验证。教学原则的制定应该符合目的性和规律性的要求，同时也必须具备实践有效性。

对于音乐教学而言，基本原则是根据音乐教学目的和对音乐教学过程的规律性认识所制定的，能够有效地指导音乐教学并满足基本要求。

对于音乐教学基本原则的确立目前依然存在一些不完善和争议。部分学者和教育工作者已经提出了许多有价值的原则，为音乐教育的发展做作了贡献。然而，这些原则还没有形成一个完整的体系和统一的认识。有些原则与实际的音乐教学实践存在不一致，需要进一步研究。

为了明确音乐教学的基本原则，教师需要进行更深入的探索。教师迫切需要具有指导性强、符合音乐教学本质和特点的原则来指导实践。此外，音乐教育理论也应真正符合音乐教学目的规律，并能够有效解决实践中存在的问题。因此，应该加强对音乐教育理论的深入研究，使其更加完善。

一、音乐本位原则

音乐本位原则是音乐教育中最重要的原则之一。它要求将音乐置于教学的核心地位，并通过明确教学目标、理解教学过程的本质以及选择适宜的教学内容来实施。通过这样的努力，能够有效地促进学生对音乐的理解、鉴赏和表现能力的提高，使他们在音乐教学中获得全面而丰富的发展。音乐本位原则的核心思想是在音乐教学的始终将音乐摆在中心地位。在贯彻这一原则时，需要注意以下几点。

首先，明确教学目标的重要性。音乐教学的目标是为学生提供一个音乐实践的空间，使他们能够主动地参与其中，感受、表现和创造音乐。通过这样的实践活动，学生可以融入音乐中，获得美感体验并享受成功的喜悦。此外，他们还能提高音乐的感受力、鉴赏力和表现能力，为终身学习音乐和享受音乐打下坚实的基础。因此，在音乐教学中，教师应注重培养学生的音乐感知和音乐文化知识，而不仅仅是传授音乐知识、技能和技巧。

其次，应明确和理解音乐教学过程的本质。音乐教学并非仅仅是认知和逻辑思维的过程，更重要的是情感和体验的过程。通过音乐，学生能够表达自己的情感，并通过情感的参与和体验来理解和欣赏音乐。因此，在音乐教学中，教师应注重培养学生的情感参与和音乐体验能力，让他们能够真实地感受和理解音乐的内涵和魅力。

再次，教师应选择适宜的教学内容。这意味着要解决音乐教学中非音乐化和非审美化的问题，不强制性地进行专业化教育，而是要给予学生自由欣赏音乐的权利。教师应根据实际教学情况，选择适合的音乐作品和教材，创造一个积极、轻松和自由的音乐教学环境，让学生能够从中享受音乐并获得愉悦的体验。

最后，教学方法和手段的选择多样而恰到好处。丰富多彩的教学方法和现代化的教育技术当然是完成音乐教学任务的重要保证，也是音乐教学现代化的一个标志。但是我们必须明确，使用现代化教育技术只是音乐教学的辅助手段，要明确音乐学科的教育的本质，培养学生的音乐素养，提高学生的音乐鉴赏能力。

二、协同融合原则

基础教育课程改革以后提倡融合式、综合化的教学，讲究课程整合。作为实施美育的重要途径之一的音乐教育更应体现美学的融合原则，以审美活动为中心，按照美的规律运转起来以实现音乐教育的协同效应，达到一种整体效果。

音乐学科的跨学科融合需要层层递进，真正发挥学科融合的多方面的优势。学科融合的第一个层次是音乐相关领域的内部结合；第二个层次是音乐艺术与舞蹈、美术、戏剧等其他姊妹艺术形式的多种融合；第三个层次是音乐课程与其他非艺术课程的融合；第四个层次是音乐课堂教学与课外音乐活动、校内音乐教育与社会音乐教育及家庭音乐教育的融合。贯彻这一原则时要注意以下几个方面。

（一）要注意发挥音乐教育的协同效应

音乐是人类历史文化不可或缺的重要组成部分。为了更好传承和发展音乐，音乐教育需要加强与其他学科的联系，通过有机融合实现协调、同步、合作、互补的作用，并为适应多元化文化发展做好准备。将音乐与历史、文学等学科结合，可以深入了解音乐作品背后的历史背景和文化意义。音乐教学与科学、运动等学科的结合可以培养创新能力和协调性。此外，音乐教育还应关注培养学生跨文化音乐欣赏与创作能力，以适应多元化文化的发展趋势。

（二）保持全局观念

音乐教学中，各科各部分内容的界限模糊，但学科的个性和重点不可忽视。教师应具备全局观念，将不同部分以恰当的比例融合交叉，发挥不同学科各自的学科优势，达到理想的教学效果。

（三）对教师的素质要求的提高

融合式教学将审美作为教学过程的重点，旨在转变传统的教学模式，增加创造力和审美趣味，激发学生的积极参与。在这种模式下，教师的角色转变为咨询者、指导者和顾问，这要求教师提升自身素质，具备全局驾驭能力和跨学科知识。通过这种方式，教师能够更好地引导学生，帮助他们发展各方面的能力，并激发他们对学习的积极性。融合式教学模式的实施有助于培养学生的综合素质，促进他们的全面发展。

三、审美性原则

审美性原则在音乐教学中强调创造美的环境和形象，培养学生发现、感受美的能力，并引导学生形成正确的审美判断和价值取向，以美育人。音乐是以审美价值为核心的艺术形式，记录了人类丰富的审美经验和心理过程。音乐教学应成为师生共同体验、创造、表现和享受音乐美的过程。在实施审美性原则时，应注意以下两点。

（一）创设美的音乐教学环境

良好的教学环境并不局限于教学的硬件设施，而是对外部环境、教学氛围、教师的综合音乐素养、教学的模式与方式的多样性等多方面教学因素有一定的要求。教师在保障安静、硬件齐全的外部教学环境的同时，还要积极营造和谐奋进的音乐学习氛围。通过教师准确生动的描绘语言和渊博的音乐知识，学生得以在丰富的教学模式下感受音乐的多样的魅力，从而让自身的音乐审美能力得到提高。

（二）要突出音乐的审美功能

要重视音乐教育对学生的审美能力的培养，让学生在鉴赏音乐的过程中理解美的定义和美的内涵，提升学生对音乐中美的敏感度，使学生的音乐鉴赏力和艺术表达能力得到培养，同时兼顾他们的情感体验和个性发展，使其在音乐领域获得全面的音乐素养和丰富的情感体验。

四、情感性原则

音乐是用于表达情感、抒发情绪的艺术形式，教师只有饱含热情地将个人的情感灌输于音乐作品中，将积极的情绪贯穿于音乐教学的全过程，才能使学生身临其境地感受到音乐中的丰富情感，才能使学生充分理解音乐的审美意义和文化背景，培养学生对音乐的审美情趣和独特见解，在欣赏和演奏不同类型和不同风格的音乐作品的过程中，培养学生的多样的音乐鉴赏能力和丰富的鉴赏经验。

音乐教育的情感性原则指的是在音乐教育中注重培养学生的情感体验和情感表达能力。这一原则认为，音乐不仅仅是音符和节奏的组合，更重要的是音乐所传达的情感和情绪。通过对音乐的情感体验和情感表达的培养，可以激发学生的音乐兴趣和创造力，并促进他们的情感发展和个性成长。

这一原则的理论依据主要包括：首先，音乐作为一种艺术形式，具有独特的情感表达能力。通过音乐，人们可以表达内心的情感状态，沟通心灵的共鸣。其次，情感体验和情感表达是人类发展的重要组成部分。从婴幼儿时期开始，人们就通过情感与他人进行交流和连接。音乐教育提供了一个培养学生情感能力的特殊平台。最后，情感与学习紧密相连。情感的参与和体验可以促进学习的深入和记忆的巩固。因此，将情感性纳入音乐教育中，可以提高学生对音乐的理解和表达能力，培养终生欣赏音乐的能力。在贯彻这一原则时，应注意以下三个方面。

（1）营造情感互动的环境。音乐教育应该创造出积极、鼓舞人心的环境，让学生能够真实地感受到音乐的情感表达。教师可以通过音乐演奏、歌曲演唱、情感分享等方式，激发学生的情感共鸣和情感表达能力。

（2）引导情感体验和识别。音乐教育应该注重培养学生对音乐中表达的情感的体验和识别能力。通过教学活动和讨论，学生可以学习如何辨别音乐中的情感元素，并将其与个人经历和情感连接起来。

（3）提供情感表达的机会。音乐教育应该为学生提供充分的机会来表达自己的情感。可以通过创作音乐、编排舞蹈、演奏乐器等方式，鼓励学生将自己的情感与创造力融入音乐中，从而提升自我表达和情感表达的能力。

五、愉悦性原则

音乐教育中的愉悦性原则指的是在音乐教育过程中注重培养学生对音乐的兴趣和乐趣的原则。它强调通过创造积极、愉悦的学习环境和体验，激发学生对音乐的热情，促进他们的参与和投入。

愉悦性原则的核心目标是让学生在音乐教育中感到快乐、愉悦和满足，从而激发他们对音乐的学习兴趣和动力。这种积极的情感体验有助于增加学生的学习参与度、提高学习效果，并培养学生对音乐的持久兴趣和自主学习能力。古希腊的亚里士多德曾对音乐的愉悦性做过这样的描述："音乐具有特殊的美感，它能通过声音和节奏的组合，表达人们的情绪和情感，触发人们的情感和感官，引发人们的共情和共鸣，从而引发愉悦和赞赏之情。"[①]

因此，在音乐教育的过程中，应注重学生的情感体验，通过创造愉悦学习气

---

① 邓晓芒.西方美学史讲演录[M].北京：商务印书馆，2020.

氛，促使学生积极参与音乐学习的过程，感受愉悦的情感。在愉悦性原则的贯彻过程中，应注意以下两个方面。

（一）营造一种使人愉快、轻松的课堂氛围

在进行音乐教育时，教师可以营造积极的学习氛围，鼓励学生勇敢尝试和探索，鼓励学生积极参与教学活动，结合学生个人的兴趣爱好与其他人进行沟通与交流，在轻松的学习氛围下自主探索学习音乐的乐趣和方法，巴甫洛夫说："积极的心态可以增加人们对生活的体验和情绪的体会，提高人们对美的鉴赏能力。"[①] 学生在愉悦的学习环境中可以充分发挥个人的才能，感受到个人的价值和充足的成就感，体验到音乐学习的无限乐趣。

（二）采用丰富多彩生动有趣的教学形式

在音乐教育中，教师可以运用多种方法来实现愉悦性原则。例如，创设丰富多样的音乐活动和游戏，通过合唱、合奏等集体合作的方式培养学生的合作精神和团队意识。同时，教师可以结合学生的兴趣爱好和个人特长，设计个性化的音乐学习任务，让每个学生都能找到乐趣和成就感。通过丰富教学模式和形式的方式，充分调动学生学习音乐的积极性，让学生在愉悦的情绪下掌握充足的音乐知识，获得丰富的情感体验。

六、创造性原则

创造性原则指在音乐教学中，通过培养学生的创造力和创造性思维，鼓励他们在音乐创作、演奏和欣赏中发挥个人的独特性和创新力。这一概念强调了学生在音乐学习和实践中表达自己的想法、情感和个人风格的能力，从而使音乐教育变得更加富有个性和丰富多样。学生在接受音乐教育的过程中，培养了自身的独立思考能力和自我表达能力，在解释音乐和表达情感的过程中，反思自身的过往经历和情感体验。

黑格尔曾说："创造性思维让抽象的概念与观念转化为具象，是艺术的表达和

[①] 张清华.健康生活路线图[M].北京：中国社会出版社，2009.

实现的有力工具"。①音乐艺术宝库是人类创造力取之不尽、用之不竭的思维宝库。总之，音乐艺术贵在创造。在创造性原则的渗透实施中，要注意以下两点。

（一）教学艺术中应包含创造性

教师应鼓励学生发挥创造力，鼓励他们自由表达音乐想法和情感，以培养学生的音乐创造力。采用启发式教学法，通过提出问题、引导探索等方式激发学生的创造思维，培养学生的音乐创造能力。此外，教师还可以采用项目式学习或小组合作学习等模式，让学生参与实际音乐创作和演出，培养他们的合作能力和创新能力。在教学资源方面，教师可以提供丰富多样的音乐素材和工具，鼓励学生自主探索和创新实践。将创造性融入音乐课堂教学，音乐教育便可以更好地激发学生的创造潜能，培养他们的音乐创造能力和创新意识。

（二）学生的创造力和创造性思维

创造性原则强调鼓励学生在音乐学习过程中表达个人创意和独立思考，促进他们的想象力和创新能力的发展。通过创作音乐作品、编排演奏曲目等活动，学生可以锻炼他们的创造思维能力，提高他们对音乐的感知和理解。音乐教育应当引导学生从不同角度去理解音乐，培养他们对音乐的独特见解和观点。通过讨论、分析音乐作品和参与音乐创作，学生可以学会自主思考，并且通过自己的创造来表达自己的音乐观点。此外，创造性原则还强调给予学生良好的创作环境和机会。音乐教育应当提供良好的音乐创作平台和资源，鼓励学生自由表达和展示自己的作品。通过参与音乐创作、演奏和表演等活动，学生可以得到展示和分享自己创造成果的机会，让自身的创造思维得到充分的发挥。

---

① （德）弗里德里希·黑格尔.美学[M].长春：吉林大学出版社，2005.

第三章 音乐教学的内容及方法

音乐教学法是音乐教学过程中的关键要素,它体现了教学原则并提供了实现教学目标的具体方法和手段。对音乐教学法的研究和应用对于音乐教师来说非常重要,它能够帮助他们更好地完成教学任务,确保音乐教学的质量,并促进学生的全面发展。本章主要介绍音乐教学的基本内容、音乐教学的方法与设备。

第一节 音乐教学的基本内容

音乐教学的基本内容与音乐教材密切相关,教材起着指导和支持教学的重要作用。同时,音乐教学也是实现美育目标的重要途径。

音乐教学的基本内容在不同的国家和时期存在差异。然而,总体上音乐教学的内容已经从最初的唱歌为主逐渐扩展到包括识谱、乐理、音乐欣赏、器乐等领域,并且随着音乐教育目标的调整不断更新。这体现了音乐教育体系不断完善,并逐渐接近学校教育的终极目标——培养全面和谐发展的个体。

音乐教学的基本内容合理与否将直接关系到学生音乐学习的积极性,进而影响课堂教学的效果乃至整个音乐教学目标的实现,它对学生人生观、价值观的取向也产生深远影响,因此我们不仅要考虑音乐教学的普遍规律,还要顾及艺术教育的特殊性和学生身心发展状况,根据不同的学段给予不同的教学内容。音乐教学基本内容的不断充实和完善不仅体现了人们教育素质、审美观念的提高,也反映了社会政治、经济和文化的发展态势,同时它也在一定程度上受到社会政治、经济和文化的制约和影响,并随着社会的进步而不断发展变化。

一、感受与鉴赏

(一) 音乐感受与鉴赏教学的地位和作用

音乐的感受和鉴赏是音乐教学中至关重要的一部分，同时也是培养学生美育的途径之一，音乐其他领域的学习和探索最终还是为了更深刻、更全面地感受和理解音乐，具备对各种音乐的感受和鉴赏能力，对于提高自身的审美情趣和审美情感、培养对音乐的爱好和兴趣、陶冶思想情操、开阔音乐视野和进行音乐创造的能力都具有十分重要的作用。

对音乐的感受和鉴赏也是音乐自身的客观要求，音乐的产生和发展其目的是使人感受到"美"，感受到精神的愉悦，通过对音乐"美"的鉴赏提高自身艺术修养，增强对音乐的理解和表现能力。只有对音乐进行必要的感受和鉴赏才能真正实现音乐自身存在的价值和意义，才能促进音乐的进步和发展。

要达到真实、全面地感受与鉴赏音乐的目的，就要具有敏锐的听辨能力。因为音乐是声音的艺术，听觉是感受音乐的先决条件，所以培养学生良好的听觉能力和听觉习惯是进行音乐感受与鉴赏的基本前提。"听"成为本领域教学的主基调，这是与音乐的艺术特征相适应的，也是完成音乐感受与鉴赏教学任务的关键。

(二) 音乐感受与鉴赏教学的内容

音乐感受与鉴赏涉及的领域是广泛的、内容是丰富的，教学内容主要有音乐表现要素、音乐情绪与情感、音乐体裁与形式、音乐风格与流派四个方面。

1. 音乐表现要素

音乐的表现要素非常丰富，在音乐教学中常见的音乐表现要素有节奏节拍、旋律、速度、力度、音色、音区、和声、调式等，音乐之所以具有无穷的表现力，与这些表现要素有着十分密切的关系。每一种音乐表现要素的变化都表达着不同的乐曲思想，歌曲或乐曲中某种情感的表达是多种音乐表现要素相互作用的结果，音乐表现要素状态的变化也预示着思想情感的转变。因此，让学生学习和把握各种音乐表现要素，了解它们在不同情况下表达的不同内容，不仅可以加强学生的音乐感受能力和理解能力，也可为表现、创造音乐打下基础。音乐的表现要素不论对音乐家的创作还是欣赏者对乐曲的理解来说都是十分重要的。

音乐表现要素教学的内容标准是：

（1）对自然界的各种声音表现出一定的兴趣，并且能够通过使用不同的物体探索不同的声音。

（2）对歌声和各种乐器的声音进行深入的了解，在人的声音和乐器的声音方面，能够知道它们的类别、形式和音色特点。

（3）能够在感知力度、速度、音色、节奏、旋律、和声等音乐表现要素的过程中了解并评价其音乐表现作用。

（4）能够对听到的音乐变化进行感知和表述。

2. 音乐情绪与情感

音乐情绪与情感是指音乐作品中表现出来的审美特征，或欣赏者从音乐作品中感受到的审美特征，它广泛存在于音乐的各个领域。情感性是音乐的本质特性，音乐的情绪与情感虽都是音乐的审美心理特征，且两者具有直接的联系。但它们也是有区别的，情绪具有变化频繁的不稳定性和短暂性特征，是一种较直观的表面现象，情感则具有相对的稳定性和持久性特征，是本质的体现。音乐表达的情绪与情感是对内容的流露和展现，因此音乐最易于培养人的情感音乐情绪与情感。教学可以丰富学生的情感体验，提高听觉思维能力和审美能力，增强热爱音乐、热爱生活、热爱祖国的思想情感。

音乐情绪与情感教学的内容标准是：

（1）能以积极的方式感受不同的音乐所表现出来的情绪，使用音乐的表情术语来进行描述。

（2）能体会到音乐情绪的发展和变化，并能将其简明扼要地表达出来或以不同的方式表达。

3. 音乐体裁与形式

音乐的体裁与形式是根据音乐作品的内容和结构特征而形成的样式和类型。音乐作品的内容对其体裁和形式起着决定性作用，而音乐的体裁和形式也影响着内容的表达，任何一首音乐作品都是内容和形式的有机结合。音乐具有强大的表现力，它表现的内容丰富多样，因此音乐的体裁和形式也种类繁多。按照不同的划分标准有不同的体裁形式：根据演唱形式可分为独唱、齐唱、合唱、重唱、对唱、领唱、表演唱等；根据演奏形式可分为独奏、齐奏、重奏合奏、协奏等；根据歌曲内容的性质可分为颂歌、抒情歌曲、叙事歌曲、诙谐歌曲、讽刺歌曲等；根据乐曲的结构和曲式特征可分为奏鸣曲、变奏曲、回旋曲、回旋奏鸣曲、组曲等；根据音乐与其他艺术的不同结合可分为歌剧、舞剧戏曲等。通过学习和了解音乐的体裁与形式，能够使学生更加全面、更加深刻地理解音乐表达的内容；通过对音乐风格和结构进行深入的了解，做到全面的掌握，可以提高学生的音乐鉴赏能力。

音乐体裁与形式教学的内容标准是：

（1）聆听不同体裁的歌曲和乐曲，通过不同的方式对这些音乐作出反应。

（2）通过聆听，能够对不同体裁的音乐进行了解，每年学习2—4首能够说出名称的曲子。

（3）能够通过学习，对所听的音乐进行鉴赏，说出其音乐体裁和表达的内容。

4. 音乐风格与流派

音乐风格是指音乐作品在内容和形式上表现出来的独特的创作个性与鲜明的艺术特色。它的形成与历史时代、地理环境以及作曲家的创作特点有密切的联系，是从音乐作品的整体上呈现出来的。不同时代、不同国家和地区的音乐风格都有所不同，不同作曲家的音乐作品风格也各具特色，因此，音乐风格具有较强的时代性和地域性。

音乐流派是指一定历史时期内，由一群音乐家共同创作并展现出相似或相近音乐风格、创作方法、审美观念和艺术趣味的音乐派别。每个音乐流派都有其独特的特点和风格，它们反映了不同的文化背景、社会环境和艺术潮流。音乐的风格促进和推动音乐流派的形成，音乐流派反过来又发展和增强了音乐风格的影响力，二者在相互促进、相互影响中共同推动了音乐创作的繁荣与发展。通过对音乐风格与流派的学习，帮助学生对我们国家的民族音乐文化有了更加清晰的认知，同时也可以使学生了解世界的不同文化，既起到了开拓视野的作用，又提高了对音乐的感受和理解能力。

音乐风格与流派教学的内容标准是：

（1）聆听中国的民族民间音乐，知道其主要的种类和唱腔、风格、流派和代表人物。

（2）聆听世界各国民族民间音乐，并能对其风格特点进行简单评述。

（3）聆听世界各国优秀音乐作品，了解不同音乐流派的代表人物。

（三）音乐感受与鉴赏教学应注意的问题

（1）音乐的感受与鉴赏教学领域涉及的内容广泛、知识点较多，在教学中应注意抓住重点，让学生掌握在日常生活中经常接触到的音乐知识点，注重教学内容的普遍性和实用性，从而提高教学的质量，达到教学的目的。

（2）充分利用各种教学手段和教学方式，增强教学的形象性和趣味性，提高学生的理解能力。如用钢琴弹奏乐曲体现音乐表现要素的不同作用；学生通过律动或简单的打击乐感受音乐的节奏和速度；通过多媒体或现场表演认识歌曲或乐曲的体裁和风格特点等多样化的教学手段，在提高学生学习兴趣的基础上强化教学效果。

（3）要把音乐的感受与鉴赏教学融入各个教学领域中，加强各领域的联系。如在表现教学领域，要让学生明白演唱、演奏的作品的体裁和风格，注意作品的情绪和情感的表达；在创造教学领域，要让学生明白用怎样的节奏、速度音高、音色等音乐要素去体现一种特定的乐思，注重各教学领域的结合能够使学生更加全面、更加深刻地感受和理解音乐，提高审美能力和创造能力。

（4）要注重发挥学生的积极性和主动性，以教师为主导、学生为主体，鼓励学生亲自去体验和探索，通过演唱或演奏实践，体会音乐的各种表现要素的作用以及作品表达的情绪和情感，或让学生创造旋律和节奏来体现特定的音乐场景等。

二、表现

音乐的表现教学领域是音乐教学的基本内容，它强调实践性和主体性，可以有效地帮助学生提高音乐表现能力和审美水平。在学习音乐表现方面，学生可以借助团队合作来培养团队精神，激发表演和创造力的能力。同时，通过音乐表达个人感受并与他人进行交流，可以加强人际关系，享受美妙音乐带来的快乐，这些都是非常重要的经验和技能。

在音乐表现教学中，会包含四种不同的技能：演唱、演奏、综合艺术表演和乐谱阅读。

（一）识读乐谱

1. 识读乐谱教学的地位和作用

学习音乐必须了解乐谱，因为它是音乐符号表现形式的记录方式。对学生进行识谱训练，有助于他们在音乐表演和创作等教学环节中更加游刃有余。要在教学中紧密结合演唱、演奏、创作和欣赏等内容，以充满活力的音乐为主要手段，在学生感性体验和认知基础上展开教学。识读乐谱教学的作用有以下几方面。

（1）能够加深对音乐的感受和理解

识读乐谱教学能够培养学生的音乐注意力、音乐记忆力和音乐思维能力，使学生更贴切地感受音乐和理解音乐，良好的识谱能力和敏锐的听觉能力能够感知音乐要素在不同风格音乐中的作用，更加深入地感受和理解音乐表达的思想感情，从而提高自身的审美能力。

（2）能够提高运用乐谱的能力

具备一定的识谱能力和听觉能力，就能够根据乐谱进行演唱和演奏，把无声的乐谱转化为有声的音乐。反之，也可将音乐用乐谱记录下来，真正实现乐谱的作用。

（3）能够为音乐的创作打下基础

具备一定程度的识谱和听觉能力，才能把构思中的旋律准确地记录下来，捕捉住音乐灵感，才能把不同的思想情感用音符表达出来，做到用音符去创作，提高对音乐的创造能力和表现能力。

（4）具有一定的识读乐谱能力和听辨能力是独立学习音乐的基础

对音乐的理解和学习需要具备丰富的音乐知识和技能。识谱能力和听辨能力是其中较重要的方面，是学生进行独立学习音乐必须具备的能力，也是进行音乐其他方面学习的必要条件。

（5）识读乐谱有助于培养学生的音乐注意力和形象思维能力

具有一定的识谱能力能够使学生在欣赏音乐时更易于融入其中，增强对乐曲的理解力和记忆力，更能发挥形象思维的作用，感受音乐情感的发展变化，体会音乐表达的思想情感，提高审美能力和艺术修养。

2. 识读乐谱教学的内容标准

（1）用熟悉的歌曲、乐曲学唱乐谱。

（2）能随琴声或录音视唱乐谱。

（3）巩固、提高识读和运用乐谱的能力。

3. 识读乐谱教学应注意的问题

（1）要正确认识识读乐谱在音乐教学中的地位

在以往的音乐教学过程中，存在过于强调识读乐谱的现象，认为它是学生学习音乐的关键，因而每堂课都有专门的教学时间，这反而挫伤了学生的积极性。其实乐谱只是学习音乐的一种工具，我们要注意结合音乐教学的基本目标和要求，把它放在一个恰当的位置，与其他内容融合在一起教学，改变机械、单一的教学方式。

（2）合理使用五线谱和简谱

在音乐教学中是使用五线谱还是简谱是长期以来有争议的问题。五线谱和简谱是我国现行的两种记谱方式，各地可根据实际情况自行选择。五线谱建议使用首调唱名法，两种记谱法各有优劣，五线谱较直观、精确，更具有科学性便于学习专业技能和国际交流；简谱简便易学，较易普及。目前出版的教材种类较多，用谱的侧重点各有不同，像江苏的中学音乐课本，其将五线谱与简谱对照列出，这就更有利于学生进行对照学习。

（3）识读乐谱教学应尽早进行

学生时期是人类智力开发最佳时期，应抓住这一有利时机进行识读乐谱教学尽早打开学生主动、独立学习音乐的大门，这也也有利于学生尽快学习音乐的其他内容。教师在教学中应注意采取适当的学习形式，把握好"度"和"量"，不应给学生造成负担。

（4）要注重识读乐谱教学的趣味性

在长期以来的音乐教学中，单调、枯燥的识读乐谱教学方式挫伤了学生学习的积极性，因此，实施趣味性教学是十分必要的。尤其对于低年级的学生来说，应当把识读乐谱教学游戏化、形象化。同时，还应采取各种教学辅助手段（如使用多媒体），提高学生识读乐谱的积极性和效率。

（5）要把识读乐谱教学和演唱、演奏、欣赏等教学内容联系起来

要善于运用各种教学内容的内在联系性，把识读乐谱融于演唱、演奏和欣赏教学中。可利用已学会的歌曲或乐曲进行识读乐谱，也可跟琴或歌曲、乐曲的录音识读乐谱，还可在欣赏乐曲时进行旋律随唱，这样都能在一定程度上巩固、提高识读乐谱的能力。要指导学生在音乐听觉感知基础上识读乐谱，在音乐表现活动中运用乐谱。

（6）要善于记录乐谱

这里的记录乐谱是指把听到的旋律用乐谱记录下来。大多数人认为，记录乐谱是作曲家的任务，因为这项任务具有较强的专业性，不应当出现在高中音乐教育中，其实不然。记录乐谱和识读乐谱是紧密联系的，只会听而不会记录是片面的。要求学生有记录简短乐谱的能力，不仅有助于乐谱的识读，也是学生进行音乐创作的必要条件，可以为学生向更深层次的学习奠定基础。

（二）演唱

1.演唱教学的地位和作用

歌唱是人类最基本的情感表达方式，也是人类接触音乐和表现音乐的最直接手段，在音乐课堂教学历史上歌唱是最早出现的教学内容。《课标》规定，要重视对学生唱歌的自信心和综合艺术表演的能力的培养，挖掘他们的表演潜力，让他们能以音乐的方式表达自己的情感，同时与他人融洽地沟通，在音乐的实践活动中得到美的享受，进而激发学生对演唱的兴趣，增强对音乐学习的积极性，能够掌握一定的歌唱技能技巧，正确理解和完整表达歌曲的思想情感，使学生的表现能力、模仿能力、鉴赏能力和创造能力都得到进一步的提高。它对于促进学生的全面发展、身心健康以及树立正确的世界观和人生观都有十分重要的意义。

2.演唱教学的内容标准

（1）学生应该能够通过主动参与各种演唱活动，培养出出色的演唱技巧和习惯。

（2）学生应该能够自信地和有表情地演唱歌曲。他们应该积极参与齐唱、轮唱和合唱，并对指挥的起止、表情等作出正确的反应。

（3）学生应该了解变声期嗓音保护的重要性，并掌握嗓音保护的方法。

（4）学生应该能够简单地分析歌曲的特点和风格，并能够通过演唱表现出歌曲的音乐情绪和意境。他们还应该能够对自己、他人和集体的演唱进行简单的评价。

（5）每学年能够演唱歌曲3—5首。

3.演唱教学中的基本技能

普通学校的音乐教育虽然不是专业的音乐教育，但让学生掌握一定的技能技巧也是十分必要的。要把这项要求与音乐表现领域的教学目标紧密结合起来，避免出现机械的技能训练而忽视对学生的音乐能力与人文素养的培养。

演唱的基本技能是多方面的，它包括歌唱的姿态、歌唱的气息、歌唱的吐字咬字、歌唱的共鸣等，只有把各种技能有机地结合起来，才能达到完美的歌唱状态。但应把它与歌唱的目标结合起来，这样更好地为表现歌曲的思想情感服务。

4.注重各种歌唱形式相结合

歌曲的演唱形式有许多种，我们在教学中应把常见的几种形式结合起来，在不同的年级有不同的侧重点，培养学生的演唱能力，逐步提高学生的艺术修养。

培养学生的独唱能力是教学中的一般环节，它主要是体现学生独立的表现和处理问题的能力，也是其他歌唱形式的基础。独唱在培养学生的心理素质和歌唱技能方面也有着十分重要的意义。

在歌唱教学中要特别注重合唱教学。合唱在音乐教学中有着十分重要的地位，能够进一步提高学生的音乐欣赏水平和表现能力。它在培养学生的和声乐感、集体协作能力方面有着不可替代的作用。在教学中应采取循序渐进的方式，如从最基本的齐唱逐步过渡到轮唱，从二声部合唱到多声部合唱等。在合唱教学中，应指导学生在唱好自己声部的基础上倾听其他声部，注意声部间的协作，要求各声部间声音的谐和性和均衡性，还要让学生养成精力集中和看指挥的习惯。

5. 关于变声期和嗓音的保护

变声期是一个人的发声器官发育长成过程中的关键时期，这个时期发声器官在生理上发生很大的变化，而且承受能力很脆弱，如果在这个时期嗓音受到损害，可能造成永久性的"失声"。大部分高中学生正处在变声期，这期间总感觉声音难以控制、不稳定、不持久、易跑调，常出现"怪音"。在变声期后，男孩声音变得浑厚，喉头突起并位置下降，女孩声音变得更为明亮、柔和，但变声过程较短且不明显。

变声期应从以下几个方面保护嗓音：

（1）教师应从高中一年级就经常给学生讲解变声期的基础知识。

（2）指导学生在变声期不要大声喊叫。

（3）要选择音域较窄的歌曲作为教材，并多用轻声唱。

（4）防止嗓子疲劳，注意发声器官的休息。

（5）坚持锻炼身体，注意卫生，防止其他疾病的侵入。

平时的嗓音保护对每个人来说都是十分重要的，它虽没有变声期关键，但是如果保护不好，也同样给歌唱和日常生活带来不便。例如，长期不正确的发声会造成声带小结、水肿，吸烟和饮酒会让声音变得沙哑等。因此，日常的嗓音护理也是我们应当重视的。

平时应注意从以下几个方面保护嗓音：

（1）运用正确的发声方法歌唱。

（2）掌握歌唱时间，防止声带过度疲劳。

（3）养成良好的饮食习惯，歌唱前不吃辛辣、刺激性食物，运动后不要立即喝冰冷的饮料。

（4）戒烟戒酒。

（5）不要在空气污浊的环境中唱歌或练声。

（6）加强体育锻炼，注意卫生，防止疾病的发生。

（三）演奏

1. 演奏教学的地位和作用

演奏是音乐表现领域的一个重要组成部分，演奏教学也是学校音乐教育的重要内容，它进入学校教学领域远晚于歌唱教学。一些发达国家的演奏教学进入普通高中已有一个世纪的历史，并在教学上取得了显著的成绩。我国学校的器乐教学起步虽晚，但发展速度较快，已取得了可喜的成绩，现正向多样化、综合化发展。演奏教学的作用是：

（1）激发学生学习音乐的兴趣

演奏是学生音乐实践的重要形式，在学习过程中直接参与音乐的表现和创造，可以满足学生对器乐的好奇心和表现欲，给予学生进一步了解音乐、接触音乐的机会。特别是对于那些在歌唱方面有缺陷的学生来说，器乐教学能够再次给予他们学习音乐的兴趣与信心，使他们感受到音乐学习领域的宽广和内容的丰富，产生对音乐学习的主动性和自觉性。

（2）促进对音乐基础知识的学习和理解

在器乐教学的过程中不仅使学生得到技能的训练，也对器乐技能训练中运用到的音乐知识的学习和把握起到促进作用，在实践中真正体会到音乐知识的作用和意义，加深对音乐知识的理解，使音乐技能的训练和音乐知识的学习在相互促进中共同发展。

（3）提高学生的识谱能力和听觉能力

在器乐教学过程中，学生通过练习器乐可以加强识谱能力和听觉能力，把平时难以唱好的音程借助器乐训练进行准确把握，使不同音程的概念在器乐的训练中不断得到巩固，从而使视唱能力得到提高。准确把握音准的过程也就是听觉能力提高的过程，它们是相辅相成、不可分割的。

（4）提高学生对音乐的感受、表现和创造能力

对学生进行器乐演奏训练，使学生在节奏、音高、音色及和声等方面有更加深刻的认识和感受，把对音乐的理解能力提高到一个新的水平，通过对作品的演奏，锻炼自身的音乐表现能力和创造能力，提高了对音乐作品的欣赏水平和审美能力。器乐演奏使学生的多种器官在协调运动中得到锻炼，是一个多种器官共同参与的技能训练，它使学生的音乐思维能力和音乐综合能力得到更好的发展。

（5）开发学生对音乐的思维能力

器乐演奏是一种纯音响的艺术，不受语言文字的约束，它所表达的思想情感

要通过大脑的思维去理解和把握。在器乐演奏过程中需要大脑积极思维，指挥自己怎样去表达音乐作品的内容，怎样去协调各个器官的运动来完成演奏任务。所以，器乐教学也在开发学生大脑思维能力方面有着重要的作用。

2.演奏教学的内容标准

（1）能主动地参与各种演奏活动，养成良好的演奏习惯。

（2）能够选择适当的演奏方法表现乐曲的情绪。

（3）能够对自己、他人或集体的演奏进行评价。

（4）每学年能够演奏乐曲2—3首。

3.乐器的选择

器乐课堂教学可选用的乐器较多，主要是儿童打击乐器和简单易学的乐器（常用的是八孔竖笛、口琴、口风琴、电子琴等），还有一些根据各地区教学的具体条件而选择的民族乐器，以及自制乐器等。

在音乐课外活动中，一些教学条件较好的学校甚至可以指导学生学习民乐或管弦乐，组建小型的民族乐队或西洋管弦乐队，培养学生之间相互配合、相互合作的演奏能力。

4.器乐教学应注意的问题

（1）要明确器乐教学的目标

高中器乐教学的目标在于提高学生对音乐的兴趣，通过对器乐的学习和使用，达到提升音乐的表达能力和感觉能力的目的。

（2）要注重教学内容的民族性

通过演奏一些民族风格浓郁的小型器乐曲（或片段），了解我国民族文化的多样性和特色，培养学生热爱民族文化，热爱祖国的思想情感。

（3）精心选择演奏曲目

要以篇幅简短、旋律优美的中外名曲为主，也可选择一些歌曲或乐曲的旋律片段，要坚持少而精的原则，以适应学生的实际演奏能力和心理特征。

（4）尽量与歌唱、律动、欣赏、创作相结合

器乐教学要把歌唱、律动和感受等内容结合起来，让学生一边演奏一边演唱或律动，用乐器为歌曲伴奏，或即兴创造旋律等。它既可激发学习兴趣、加深对

音乐的理解，又能提高学生的音乐素养。

（5）注意循序渐进的原则，注重基础的作用

根据不同基础的学生选择不同的教学内容，是教学任务完成的重要因素，千万不可操之过急。在学生基础能力较低的情况下去演奏高难度的曲目，不但达不到教学的目的，也会进一步挫伤学生的积极性。因此，要从基础做起，环环相扣，步步为营，不要采取跳跃式的教学顺序。

（四）综合性艺术表演

1. 综合性艺术表演教学的地位和作用

综合性艺术表演是在演唱、演奏和舞蹈等多种艺术形态相结合的基础上进行的表演形式，具有一定的故事情节和场景。如歌唱表演、音乐剧、集体舞、歌剧、舞剧、戏曲、曲艺等，这些综合性艺术表演不仅能使学生在实践中感受到愉悦，也能从多种角度开拓学生的视野，增强集体协作能力，进一步提高学生的表演和创造能力，开发创造性思维，掌握一定的表演知识和技能，使学生在用艺术语言的沟通中感受到美的愉悦。

2. 综合性艺术表演教学的内容标准

（1）能够以自信的态度和表达自己情绪的能力，参加各种文艺演出。

（2）能根据学习过的歌曲、音乐，设计出一个简单的表演场景，或进行身体运动表演。

（3）学习表演简单的歌剧、戏曲、曲艺片段，并能对自己与他人的表演作出评价。

3. 综合性艺术表演教学应注意的问题

（1）表演的综合性艺术的情节要简单，适合学生的参与和表演。内容要与学生的心理特征和思想观念相适应，以增强学生表演的积极性和主动性，篇幅要简短。

（2）注重表演形式的多样性，避免因形式单一而挫伤学生的积极性。可采取音乐游戏、歌唱表演、律动、集体舞、歌剧或戏曲片段等表演形式，使学生不断地变换角色，提高学生的兴趣，满足其好奇心。

（3）把综合性艺术表演与其他教学领域结合起来，增强它的综合性特点使综合的内容更丰富，让学生各尽其能。例如，可为所学的歌曲或乐曲编配伴舞，将叙事歌曲改编为小小音乐剧等。

（4）要注重发挥学生的创造性，让学生以一个场景或一个主题创造简单的音乐剧、歌舞游戏或根据自己的思维编创综合性的表演活动，培养学生的创造性思维和组织能力，满足他们的创作欲望。

（5）坚持重在参与的原则，顾及整体性，让每个学生都有机会参与综合表演，都能得到相应的锻炼。特别是要顾及那些在艺术学习方面有缺陷和缺乏自信心的学生，教师要积极鼓励他们参与，对表演的技术不作要求，重在体会，重在参与。

三、创造

（一）音乐创造教学的地位和作用

创造是一切事物发展的根本动力，是社会进步的源泉，创造式教学已成为新时期艺术教育功能和价值的重要体现。《课标》指出，创造是推动艺术发展的基本力量，也是推动整个社会历史发展的主要力量，它是美术教育作用和价值的主要表现形式。创造作为一种能够充分发挥学生的想像力和思维潜力的音乐学习场所，它可以让学生在音乐中获得更多的创作经验，并挖掘出更多的创造性思维，这对培养一名具备音乐实践能力的创造性人才有着非常重要的作用。

（二）音乐创造教学的基本内容

音乐创造是指音乐教学领域内的各种创造性活动，它并非指专业的作曲而是通过简单的创造教学，培养学生的创新思维和创新能力。它是一个涉及广泛的教学领域，在表演、演奏、欣赏和节拍等方面都有所体现。在进行教学时，教师应该有能力根据所设定的教学目标，设计具有创造性的活动。这些活动应该包含生动有趣的内容、形式和情境，以此激发学生创造和享受创造的乐趣。作为音乐教学的"创造"领域，《音乐课程标准》指出，有三个方面的内容，即：探索音响与音乐（音响探索）；即兴创造（综合性创造活动）；创作实践（音乐创作）。

我们每个音乐教师都应该积极研究如何在课堂教学中促进学生对于这种意识

和能力的培养。当进行音乐学科的创造性教学时，应该着重关注以下三点。

1. 模仿

"模仿"一词在《辞海》里是这样解释的："仿照一定榜样作出类似动作和行为的过程。人在掌握语言和各种技能的过程中，以及艺术学习的最初阶段，都要借助于模仿。自觉地仿效先进的榜样，可以吸取别人经验，扩大自己经验，作为进一步发挥创造性的基础。"

在音乐创作活动中，我们通常从模仿起步，因为模仿是音乐创作不可或缺的步骤。采用逐步升级的方式，通过模仿先易后难地进行创作学习。可以归纳为以下步骤：（1）完全模仿；（2）小部分变化（限定变化）；（3）大部分变化（无限定变化）。

2. 从即兴创造进入创作

即兴创作是指学生根据即时的灵感和感受，进行无准备的创造性音乐表达，通常与即兴表演密切相关。为了创作或改编乐曲，需要先进行准备和孕育，经过深思熟虑后再进行加工塑造，将其变成一部完整的音乐作品。在音乐创造教学中，即兴创造和创作是必不可少的组成部分，并且都具有同等的重要性，不应该有所偏重。

在音乐探索、综合性创造活动以及音乐创作中，建议多尝试加入即兴创作的元素，以丰富作品的内涵。"多用即兴"的好处在于，它不需要按照事先设计的乐谱和排练计划，因此减少了技术负担。在即兴活动中，表现更具有灵活性，可以随心所欲地表达感受。此外，随机应变的活动有助于学生培养敏锐思考和迅速反应的技能。由于即兴活动没有经过预先的计划、设计和彩排，只能凭借现场的发挥，因此所创作的结果可能会显得不够精细、不够成熟、有些幼稚。然而，这种创造方式虽然不完美，但却蕴含着高度创新和创造能力的素养。学生们对这种即兴创意的活动十分感兴趣。

3. 从内在听觉启发创造

在《音乐课程标准》的范畴内，教授音乐的各个方面更加强调"听"的重要性，且针对听觉方面展开。从小就为孩子提供充足的听和思考机会，这不仅能够培养他们的想象力，还能够助长创造性思维的发展。在音乐创作过程中，要注重培养学生的内在听觉素养，激发他们的创造性思维能力。通过先描述创意，然后与实际的音效进行对比，并进行反复练习，能够同时增强学生的内在听觉和创造能力。

（三）音乐创造教学应注意的问题

1. 要注重个性的发展

创造教学的目的是发掘学生的创新思维能力，培养具有实践能力的创新型人才。学生具有强烈的表现欲望和创造热情，创造性教学是提倡多元的思维方式和表现方式，要善于表扬和赞赏学生新颖、独特的创造，不要轻易否定有错误或看似不合理的创造，不要用"标准答案"来束缚学生的创新思维和创作实践，在学生的创造中也同样可以闪耀出创作的火花。

2. 要认清音乐创作的真正含义

长期以来，人们都认为"音乐创作"是作曲家的专利，高中生是不可能进行音乐创作的，这显然是对普通学校音乐教学中"创作实践"的曲解。这里的"音乐创作"并不是指专业的"作曲"，而是指通过简单的音乐创作教学激发学生的创作兴趣，增加他们的创作勇气，满足创作欲望。因此，要注重培养学生的多向思维和创作的胆识，破除音乐创作在他们心中的神秘感，充分发掘创造潜能和创新意识。我国著名教育家刘佛年曾说："什么叫创造？我想只要是有一点新意思、新思想、新观念、新设计、新意图、新做法、新方法，就可称得上创造，我们要把创造的范围看得广一点，不要看得太神秘。"[①]

3. 音乐创造教学要实施循序渐进的原则

音乐创造虽然不是专业的"作曲"，只是发展学生的创造性思维，教师要鼓励学生出奇、出新，培养创新意识，但要坚持由浅入深、循序渐进的原则，根据不同的学段采取从探索模仿到即兴创造再到创作实践的教学过程，创造教学要尽量降低难度，不要对学生创造的结果作过高要求，重在创造的过程，重在学生的参与，顾及所有学生，关注有突出才能的学生。

4. 让学生具备必要的音乐知识和创作技能

高中的音乐教学中，创造性思维的培养是音乐创作的重中之重。鼓励学生出奇、出新，也不是随便创造，更不是漫无边际的粗制滥造。学生应当了解或懂得

---

① 罗树华.教师发展论[M].济南：山东教育出版社，2002.

与创作相关的音乐知识，具备初步的创作技能和感受、理解、表现音乐的能力，这些都是进行音乐创作的必要条件。

四、音乐与相关文化

（一）音乐与相关文化教学的地位和作用

音乐和相关文化是音乐课程所涉及的重要人文领域，它可以直接提高学生的文化素养。因为音乐与各种文化紧密相连，所以其演进和改进方式受特定文化环境的影响。音乐涉及的文化领域相当广泛，包括但不限于绘画、戏曲、舞蹈、文学、地理、历史、数学、生物、宗教等等。因此，深入了解与音乐相关的文化可助于拓宽学生的文化视野，提升其对音乐的感受和理解能力，具有极为重要的作用。音乐的内容丰富、表现力强大，主要归功于它与广泛的相关文化融合在了一起。因此，在音乐教学中，应将其与其他相关文化交织在一起，以达到相互促进、共同提升的效果。如果孤立看待音乐教学，就无法充分展现其作为一种媒介，促进学生个性发展所具有的全部价值。

（二）音乐与相关文化教学的内容与要求

音乐与相关文化的广泛性是非常重要的，因为音乐不仅仅是艺术文化的一部分，还与其他学科和领域有着紧密的联系。通过音乐的教学，可以让学生在音乐鉴赏、表现和创造的活动中体验和理解与音乐相关的文化。因而，要在这个领域达成教学目标，就需要通过实际的音乐作品和多彩多姿的音乐实践活动来实现。音乐和其相关文化可以从以下三个角度得到展现：其在社会生活中的功能，它和其他艺术形式的互动，以及它和实现跨学科的交叉领域的连接。

1. 音乐与社会生活

音乐在社会文化中具有密切联系，它不仅反映了社会生活，同时也对社会的政治、经济和文化方面产生广泛的影响。它的影响不仅在美化人们的精神生活方面，同时也能够促进社会发展。中国古代就有"移风易俗，莫善于乐"的观念，认为音乐有着悄然影响社会的能力。这再次印证了音乐对社会的深刻影响和作用的重要性。教育可使学生了解并融入社会音乐活动，从而加深其对音乐和社会生活紧密关系的理解。这将激发学生对音乐的兴趣，并使他们更热爱生活。社会中的音乐形式可划分为三类：礼仪音乐、实用音乐以及背景音乐。

音乐与社会生活教学的内容标准是：

（1）养成关注音乐的习惯，擅长聆听并汲取音乐信息，热衷于与同学分享自己的音乐珍藏，并进行相互的音乐感悟探讨。

（2）热爱媒体中的音乐，擅长聆听并汲取音乐信息，热衷于与同学分享自己的音乐珍藏，并进行相互的音乐感悟探讨。

（3）参与音乐会和社区音乐活动，可以观察和了解音乐家或民间艺人的表演。通过总结归纳并发表自己的看法，来进行评价。

2. 音乐与姊妹艺术

音乐与多种艺术都有紧密联系，这些艺术可谓是音乐的姊妹。例如，舞蹈、美术、戏曲、影视和曲艺等，虽然它们各有特色，但在思想和情感方面都能够体现艺术的精髓。不同的艺术种类之间也存在许多共通之处，都展现了审美上的特点，用以表达人们的思想和情感。这些艺术经常互相交融并紧密关联，正是它们共同的特质将音乐和其他姊妹艺术紧密地联系在了一起。

音乐是舞蹈的灵魂，舞蹈则通过肢体动作来表现音乐的内容，两者相互渗透，相互补充，共同塑造一个完美的艺术形象。音乐与美术有许多相通的艺术意境，人们能够从美术作品的色彩、线条中感受到旋律的流动，音乐欣赏者的脑海里也能浮现出与音乐相关的画面。例如，法国作曲家德彪西在受到日本葛饰北斋的绘画《神奈川冲浪里》的启示后，创作了管弦乐《大海》。戏曲是由音乐美术、舞蹈、文学等艺术相结合的一种综合性艺术形式，音乐在戏曲的人物刻画、舞台气氛烘托等方面有着重要的作用。在影视中，音乐同样起到刻画人物形象、烘托气氛、推动剧情发展的作用，同时影视的广泛应用也进一步推动了音乐的发展。在教学中应将音乐与各类艺术形式相结合，可以使学生认清它们之间的相互关系，加深对音乐的全面认识，发展多向思维，提高学生对音乐与姊妹艺术的感受能力和理解能力。

音乐与姊妹艺术教学的内容标准是：

（1）透过艺术作品，可以对听觉艺术和视觉艺术在素材和风格上的相似之处和不同之处进行比较。

（2）能够结合熟悉的影视片，表述对音乐背景或主题音乐的认识。

（3）具备利用多种艺术形式来设计和创新班级文艺活动的能力。

3.音乐与艺术之外的其他学科

除了音乐相关的艺术学科，还有许多与音乐相关的学科，如文学、历史、地理、体育、数学、物理、生物和化学等。在音乐教学创新中，与艺术学科之外的学科结合起来是至关重要的。这种综合教学不仅丰富了音乐教育的内容，还可以让学生从文化的角度去理解和感受音乐，提高他们的探索和创造能力。通过音乐与非艺术学科的学习，可以拓展文化视野，更好地体会音乐课程的人文价值。

在音乐与文学方面，诗歌是音乐和文学联系的体现，我国最早的诗歌总集《诗经》中《风》的主要内容就是西周到春秋时期的民歌；器乐中标题音乐的标题以及根据文学作品创作的歌剧、戏剧等都是音乐与文学相互联系的见证；音乐因产生的时间和地点的不同而具有各自的风格特色，是它与历史、地理产生关系的具体反映；体育中的韵律操则把音乐和体育结合在一起；记谱法和律学的研究都体现了数学的作用；音的高低与强弱要用物理学的频率和振幅来解释。了解音乐与其他学科的联系，能够使学生更深入地把握音乐，对提高音乐学习的能力和进行音乐创作有着非常重要的作用。

音乐与艺术之外的其他学科教学的内容标准是：

（1）拥有对音乐情绪影响的认知能力，可以选择最合适的音乐进行情绪调节。

（2）深刻领悟声音艺术与语言艺术的紧密关联，并善用合适的手法，让音乐成为诗歌和散文所要表现的情感和意境的补充和增强。

（3）通过运用社会科学和自然科学的知识，使人们对音乐作品内在含义有了更深的理解，认识代表中国和其他国家的典型歌曲或乐曲，以及与这些作品相关的地方文化。

（三）音乐与相关文化教学应注意的问题

1.要注重实践的作用

让学生通过实践体验，深刻领会音乐和相关文化之间的紧密联系，以更全面的视角理解和把握音乐。例如，可以积极参加社区举办的音乐活动，以融入音乐文化为目标。当观看民俗表演、电影电视时，应关注背景音乐与情节之间的协调配合。收集来自不同地方、不同风格的民间歌曲、戏曲和曲艺等传统文化资源并进行整合。这些实践活动能够让我们更深入地理解音乐与社会之间的互动关系，意识到不同地域对音乐风格的影响，并且还能够发现音乐与其他相关领域之间的联系。

2. 应在注重学科综合的基本理念中突出音乐文化主线

教授音乐和相关文化需要整合多个学科，通过学习与音乐相关的各门学科，可以更加深入全面地感受和领悟音乐。这种教学应该以音乐为中心，不应该偏离。如果重点偏向了与音乐不相关的学科，则会影响学生在音乐学习上的热情，并且无法实现教学目标。

3. 注重运用多种教学方式和手段

因为音乐文化的涉及范围广泛，内容和形式各异，所以在教学中需要多种方式和手段来呈现，以满足领域特点和要求。这样可以更清晰地显示音乐与相关文化的关联，同时也能够激发学生的兴趣和热情。为了更好地教授音乐和社会生活的知识，我们需要积极参与相关社区或乡村的活动，以便更深入地了解并体验当地的文化和社会风貌。在教授音乐和其他相关艺术时，应根据它们与音乐之间的差异采用相应的教学方法。举例来说，可以在唱歌时运用图像投影来强化歌曲主题，感受电影、电视节目中背景音乐与剧情情感的相互呼应。

在教授音乐和相关文化时，应综合运用讲解、多媒体展示和实验操作等多种教学方式和手段。通过这些途径，可以让学生更深入地认识音乐和相关文化之间的联系，从而提升他们的理解和鉴赏水平。

第二节 音乐教学的方法与设备

一、音乐教学的方法

教学方法指的是用于达成教学目标的工作方式，其中涵盖了教师教授的方式和学生学习的方式。教学方法的基本构成要素包括教学目的、教学对象和教学内容，这些要素决定了应该采用哪种教学方法来达到最好的教学效果。音乐教学的根本目标是通过传授音乐知识和技能，使学生的情感和能力在审美上得到提高。

直接影响音乐教学方法发展的因素有以下几个方面：一是课程改革的影响，以知识传授为主的教育转向以培养能力为主的教育；二是教学内容的不断丰富，从单纯歌唱发展到多项内容的综合；三是教学理论及其相关学科的发展，各种学习的理论，如以联结主义学说为基础的程序教学法，以认知派的理论为基础的发现法等，对音乐教学方法都产生重要的影响；四是教学手段的改进与现代化。

（一）讲授法

讲授法是教师利用简练、生动的语言表达方式，传授知识、提升学生智慧的一种教学方法。这种方式以讲故事、描述、阐述、推理为手段，向学生传递信息，传授知识，阐明概念，证明定律和公式，引导学生分析和理解问题。在采用讲授法时，需要遵守几个基本原则：

（1）要注重讲授内容的科学性和思想深度，还需考虑学生已有的知识背景，尽可能使其易于理解。

（2）在教学中，应该强调培养学生的学科思维技能。

（3）教学应该有启发性，引发学生的思维活动。

（4）在讲课时需要注重语言表达的艺术性。需要让语言形象生动、有感染力，同时保证表达清晰、简练有力、条理分明，易于理解。同时要注意语调，以适应学生的心理节奏。

讲授法的一大优点在于教师有较强的控制能力，可以有效管理教学过程，使学生在较短时间内获得大量关于教学内容的有机系统的科学知识。然而，如果使用不当，学生的学习动力和积极性就不容易发挥出来，这可能会导致教师灌输知识，学生被迫听课的现象。

（二）讨论法

讨论法是指学生在教师的帮助下，学生以班或小组为单位，就教学中出现的问题进行深入的讨论与研究,从而在讨论的过程中获得知识的一种教学方法。讨论法的优点在于全体学生都可以参加,充分锻炼了学生的团结合作能力,充分发挥了学生的主动性、积极性和创造性;有利于培养学生钻研问题的意识和独立思考的能力;有利于促使学生灵活运用知识,提高分析问题和解决问题的能力;有利于培养学生的口头语言表达能力等。

运用讨论法应注意以下4个方面:

(1)对讨论的问题应做好充分准备。准备工作主要包括:根据实际情况拟定讨论的课题及具体要求,预设在讨论过程中可能会出现的各种情况及应对策略,事前给学生布置相关阅读材料,让学生进行前期调查研究并写出发言提纲等。

(2)教师要根据讨论的进展情况进行适当调控。在讨论过程中,要注意控制节奏和时间,应给学生一定的思考时间;善于启发学生发表自己的见解,激励学生积极参与讨论;引导学生围绕讨论的问题发言,不要随意离题,及时抓住争论的焦点展开讨论,使讨论逐步深入。

(3)分组时应考虑人数规模和学生的现有水平,使所有学生都有机会和能力参与讨论,享有话语表达的权利,从而获得满足感和成就感。

(4)讨论结束时教师应及时评价或小结,简要概括问题的答案或解决方法,并提出需要进一步思考的问题,使学生继续研究和探讨。

(三)演示法

演示法又叫示范法,是指教师在教学中通过实际音响、正确示范、展示实物或直观教具等方式说明与印证所传授的知识与技能的教学方法。随着现代教学技术手段的不断拓展与进步,演示法的作用将会变得更加明显。音乐教学中的演示手段多种多样,常见的主要有聆听实际音响,教师现场示范,观摩影像资料,展示实物、模型、图表和图画等。

演示法的优点在于教学非常直观生动,有利于丰富感性知识;有利于激发学生的兴趣,提高学习效率;充分体现音乐课程教学特点;应用范围广泛,不同年级、不同教学领域都可以使用。

运用演示法应注意以下5点:

（1）做好演示前的准备工作。上课之前教师要根据教学内容考虑好演示的目的，准备好演示材料（如音响资料、影像资料等），选择典型的实物或教具用某种特别的方式（如放大、着色等）突出需要认真观察或容易忽略的部分并预演一遍，以保证正式演示时获得成功。

（2）演示时，要使全班学生都能看到演示的对象，要求学生注意力集中，教师要引导学生仔细观察并指明观察的重点。

（3）演示与讲授相结合。教师要向学生提出问题，或作适当讲解、指点引导学生边看、边听、边想、边议，在感知过程中进行分析、综合，逐步加深理解，以获取最佳效果。

（4）教师在范唱、范奏时，要做到示范正确，声情并茂，富有感染力，使学生能更好地感知和理解音乐。

（5）演示要适时、适度。演示应为学生掌握理论，形成概念服务。不适时的演示会错过教学的最佳时机，过多的演示会分散学生注意力，降低教学效率。

（四）参观法

参观法是教师根据教学任务，主要通过组织学生到相关场所对实际事物或现象进行观察和研究，以获得新知识和验证巩固已学知识的教学方法。这种教学方法的优点在于：能打破课堂和书本的束缚，使教学与生活联系紧密；能扩学生视野，激发学生的求知欲望，丰富学生的感性经验，使学生从现实生活中接受教育；适用范围较为广泛，实用性较强。

音乐教学中的参观活动主要包括：组织学生现场观摩音乐会、文娱晚会或艺术节，组织学生进行实地采风，组织学生观摩各种民俗文化活动，组织学生参观音乐院校，组织学生参观博物馆或乐器制造公司等。

运用参观法应注意以下 5 点：

（1）教师要精心准备，做好参观活动的安排。参观前要制订出计划，向学生讲明目的、任务和要求，介绍相关知识和情况，强调参观纪律和注意事项，使学生能更好地参观。

（2）在参观过程中教师要进行指导。观察学习时必须严格按照计划有步骤地进行。教师要提醒学生集中注意力，仔细聆听、观察，收集相关资料，随时做好记录。

（3）观察要客观全面，同时也要有侧重点。在参观过程中，客观地观察考察对象，教师应提醒学生不能掺杂个人的任何成见或偏见。要将观察的全面性与重点性相结合，没有全面观察，就不能正确认识事物之间的相互联系；没有重点观察，就难以认识事物的本质。

（4）学生在参观过程中要勤于思考。良好的观察能力使人善于发现细小但有价值的事物。在参观过程中，除了应仔细观察外，还要善于思考问题，进行积极的思维活动。

（5）做好总结工作。参观结束后，教师要检查计划的完成情况，指导学生系统地整理相关材料，组织学生座谈、讨论，撰写参观报告、心得等，将感性认识上升为理性认识。

（五）目标教学法

课程目标是学校课程价值的具体表现方式，呈现了在各个课程阶段和特定情境下的成果。传统课程一般以各个学科为核心，考虑到学生德、智、体、美、劳等多个方面的发展目标来进行规划。一般而言，人们认为学生在各个学科都表现出色，是展现全面发展的表现。新课程对学生的发展提出了新的定义和理解，其主要特点是将课程目标由单一转变为多样、综合和平衡的方向。更详细地说，每门课程的目标旨在通过融合情感态度和价值观、过程和方法以及知识和技能这三个方面，来实现学习目标。虽然课程标准中的"课程目标"和教学大纲中的"教学目的"有一些相似的地方，但它们实际上是不同的概念。目标常常强调具体、阶段和特殊的意义，与总体、终极和普遍价值的目的相区分。因此，可以简化地描述课程目标为：在学校老师的指导下，学生通过某些学习活动，实现特定的行为改变，并获得阶段性和特殊性的学习成果。只有在实际教学中实现和达成教学目标才算有效。因而，在某些特定的教学领域、范畴以及学习时段中，教学目标会更为具体而明确，比如音乐课程中的音乐教学目标。

从音乐课程的角度来说，其目标具有的功能有：揭示音乐教育的发展动向，提供音乐教育计划的关键节点，介绍高效的音乐学习方法，以及确立音乐教育评估的基准标准。这四个方面互相衔接，用于确定音乐教育的方向和重点计划。它们为学生提供了最佳的音乐学习内容、方法和经验，并成为评估音乐教育成果的标准。

具体而明确的音乐教学目标，能够在以下几个方面起到重要作用：

（1）导向：能够清晰指明音乐教学方向和任务，并引导教学方式，主导教学过程。

（2）规划：规划音乐课程，明确教学内容，安排教学时程，突出音乐教学重点。

（3）调控：对音乐教学的操作过程和方式进行改进和调整，以提升教学效果。

（4）评价：对音乐教学的实施过程和成果进行评估。

音乐新课程的目标涉及三个方面，即发展学生的情感态度和价值观，促进学习过程和方法的掌握，以及提升相关知识和技能水平。按照《基础教育课程改革纲要》的要求，需要转变教学重心，不再把重点放在死记硬背知识上，而是注重培养学生积极主动学习的态度，使他们在学习基本知识和技能的同时，也具备了学习方法和正确的价值观念。这段文字明确阐述了关于新的课程目标设计思路和内涵。表述方式更新的课程目标反映了更新的教育理念和学生认知，注重整合不同领域的综合素养，符合素质教育对课程目标的要求。

1. 目标教学法的内涵

长期以来，基础教育侧重于培养狭窄的认知技能领域，将课程仅视为知识和学科。课程的构建、设计与实施都遵循以知识为中心、标准化、统一化的原则。这种狭隘的课程观忽视了多方面的影响，导致基础教育过分注重知识传授，忽视了多学科之间的整合。此外，过多的科目和教材内容陈旧，过度注重纯书本知识，导致课程的难度增大等问题。课程实施过于重视接受式的学习方式，强调死记硬背和机械训练，导致探究、思考和创新能力得不到充分发展。课程评价过分强调甄别和选拔，而不是真正地了解和评估学生的综合素质。相比传统的"知识为中心""学科为中心"的课程观，新的课程观更加强调"以人为本"，更注重将不同学科的内容整合在一起。这种观点是在对传统观点进行批判和反思的基础上形成的。

（1）学生是课程的核心

在制订课程目标时，应将学生的真实身份视为首要考虑因素，以学生的现实生活和未来发展情况为基础，可以确保课程目标与学生的个性、兴趣和需求相契合。应该将学生与自我、他人、社会和自然环境的交互关系纳入考虑范围，这样能够帮助学生在课程中构建更广泛的视野和综合思维能力，同时还能够培养学生的合作意识和社会责任感，帮助他们更好地适应未来的社会环境。

（2）突出课程的整合

课程目标的制定不仅考虑到学生的认知水平，更注重对学生整体的生命存在及发展的关注。过去，智力、能力、情感态度、学习过程和学习方法被忽略在课程目标中，并被视为知识的配角，没有得到足够的重视。随着新的课程观的出现，我们可以看到教学方法正在从重视知识传授向强调个体综合素质的培养转变。这种转变促使课程的目标得以有机整合，包括情感态度与价值观、过程与方法以及知识与技能等方面，而不再局限于单一的认知目标。

2. 目标教学法的要求

音乐的教学目标在音乐教学中也是很重要的一部分，每一个音乐教师都需要直面并且进行思考。音乐教学目标包含以下两方面要素。

（1）目标要明确，具体，简洁，指向清晰

音乐的教学目标和音乐的课程目标差异之处在于具体的表述概念上。音乐的课程目标更加宏观和普遍性，旨在培养学生全面发展和终身学习的能力。而音乐的教学目标侧重于具体的音乐素养和技能的培养。目标虽然也具有目的的意思，但是目标的价值更加具体和特殊，而目的则是总体的、普遍的、终极的。所以，音乐教学目标的表述最重要的一点在于具有简洁、明确的目标，其内容要具体并且清晰。一些音乐教师在传统大纲影响的基础上，对音乐的教学目的把握的不够准确，导致将课程目标、教学目的与教学目标混为一谈，因此他们对于目标的表述显得十分广泛。

在音乐教学中，确切、具体和简明扼要的教学目标表述是非常重要的。明确识别本课时的学习内容、程度和水平、方法和过程都是教学目标需要表达的内容。

（2）目标要涵盖三个维度

教学目标由单向变成多维是音乐新课程同传统音乐课程在目标上的另一个重要区别。以往，音乐教学目标重点关注的是"知识与技能"维度，缺乏"情感态度与价值观"维度，"过程与方法"维度不清晰。正确的目标确立方式应该是三个维度的表述。

（六）音乐合作教学法

合作学习（cooperative learning）是在20世纪70年代初于美国兴起的一种创新且行之有效的教学理念和方法，它在70年代中期至80年代中期期间获得了实质性的进展。由于它在多个方面产生了突出的效果，例如改善了课堂内的心理环境，显著提高了学生的学术表现以及帮助学生养成出色的非认知技能，因此在当代主流教学理论和方法中，"建构主义学习理论"采用这种策略备受关注。根据埃里斯和福茨在他们的著作《教育改革研究》中的观点，可以得出结论，当今最大的教育改革之一，要么是合作教学，要么是其他类似的改革。

在国外，合作学习已经被广泛应用和研究了几十年。而我国也开始于20世纪80年代末、90年代初关注和实验合作学习。北京师范大学主体教育发展性教学实验室强调了少年儿童的主体性发展，并提倡采用合作学习的教学策略。他们把合作学习的目标定位为："通过实践活动基础上的主体合作与交往，促进学生主体性发展和学生社会化进程"[①]，认为这种策略是一种教学理念和方法。

1. 特点

根据合作学习专家所认为的，合作学习包含以下几个要素：(1)合作学习是一种采用小组为单位的教学活动。(2)合作学习是指学习者之间相互协作，共同努力完成学习任务的一种学习模式。(3)合作学习是一种以实现共同目标为目的的活动。(4)合作学习的奖励标准是小组达成目标时所获得的整体成就。(5)合作学习是由教师分配学习任务和过程管理的。

自第八次基础教育课程改革以来，合作学习得到了真正的发展。《国务院关

---

① 裴娣娜.现代教学论生成发展之思[M].北京：人民教育出版社，2012.

于基础教育改革与发展的决定》中强调了合作学习的重要性，强调了学生之间互相交流、共同发展，以及师生互相学习的促进作用。这表明国家教育部门越来越重视合作教学。

2.合作教学法的特点

（1）组合性

合作教学采用小组方式，使学生能够彼此协同努力，充分发挥个人和同伴的学习优势[①]，具有组合性特征。协作教学是以小组为基础的一种教学活动，它通过互动的教学过程中各种活动来协同推进学生的学习，不断促进小组表现，共同实现教学目标。与传统教学相比，合作学习更注重团队教学，以小组合作为主要方式，旨在实现团队和个人的平衡发展，通过不同的人员组合，达到信息和智慧的交流融合。这一点可以在很多合作学习的教学实践中得到体现。

（2）互动性

合作学习具有各种特点，其中最令人瞩目的是互动性。合作学习强调通过教学动态要素之间的互动来促进学生学习，因此，它与传统教学观念相比，在内容和形式上都有所不同。与过去只限于师生互动不同，如今教学互动已拓展至教师之间、学生之间。在现代教育信息论的角度下，我们可以将教学中的互动方式分为四类。第一种教学方法被称为单向型传递，这种教学方法被看作是教师向学生传递信息的过程。教师在其中负责传递信息，扮演着信息传达的角色，而学生则是作为接受者接收信息。第二种教学方法被称为双向型互动，其将教育看作为老师和学生之间进行相互作用和交换信息的过程。这种方法更加注重双方之间的互动，并且强调及时的回应。第三种教学方法是多向型，将教学视为师生和同学之间相互影响的过程，强调不同方面之间的互动和协作，通过教学来达到知识的共同掌握。第四种是成员型，这种类型的教学被看作为师生彼此平等参与和相互影响的过程。强调教师也是积极参与小组活动的一员，并不再扮演唯一的信息提供者，而是与其他成员一同合作。合作学习认为，教学是一种人与人之间的交流互动。在教育领域，生生互动是一种宝贵的人力资源，值得我们更进一步地开发和利用。这种互动方式正受到当前教学方法改革的特别关注和倡导。

---

① 樊永仙.英语教学理论探讨与实践应用[M].北京：冶金工业出版社，2009.

全员参与的合作学习追求的是让每个人都能够有所进步而非必须获得成功。采用小组合作的形式可以营造出一个良好的学习环境，让每一个成员都具有表达意见的机会，能够分享自己的经验以及提出建议。个人的学习转化成小组的合作学习，导致竞争的方式也从个人向团体转变，计分也变成了小组计分。每个小组的总体表现成为获得奖励和认可的重要依据，从而建立起了一种新的格局，即"内部成员合作，外部成员竞争"。这能够激励每个人一起努力学习，即使是"尖子生"和"落后生"也能够共同进步。

3. 合作教学法的教育价值

合作式教学法因其互动性、综合性和全员参与性的特点，它具有以下几方面的教育价值：

（1）能够促进学生综合知识和能力的发展。在合作学习教学模式中，学生通过互相交流、分享与探讨来增加获取知识的途径，同时还能得到更多有价值的思考和经验。

（2）在学习过程中进行互动交流，可以促进学生的创造性思维和活跃思维发展。同组的学生之间相互合作，交流讨论可以提高他们对知识的理解，并培养他们总结和收集信息的能力。

（3）养成积极探究的学习能力。每个学生借助合作学习的平台，都能表达自己的想法，不断推陈出新地深入交流，从而加强自己对问题的认识和思考。通过探究不同视角和角度，寻找问题的解决方法，学生的创造性思维能够得到不断提高和拓展。

（4）增强学生的合作意识和技能。夸美纽斯认为，"在学生方面，人群的交流不仅可以产生作用，而且也可以产生愉快，因为他们可以互相激励，互相帮助"[1]。通过协作学习，不仅可提高信息共享，还能加强同学之间互动，改善人际交往。特别是通过将个人竞争转化为小组竞争，有助于培养学生的团队协作精神和竞争意识。

（5）发展自我学习和自我教育的能力。通过合作学习，学习者可以及时发

---

[1] 李文东，何发，刘利成. 班主任艺术管理解析与课堂组织提问艺术研究[M]. 成都：电子科学技术大学出版社，2020.

现其他人的长处，并反思自己的短处，进行比较，从而激发自己的潜力，帮助他们培养自主学习和自我教育的能力。

（6）实现教师能够充分考虑所有学生的需求。合作式教学法可以更好地激发学习兴致，增强学习动力，同时也有利于师生间相互协作、互相促进，共同提高。另外，它还能解决教师面对来自不同背景的许多学生时很难有针对性地进行教学的问题，以实现确保每个学生都能取得进步的目标。

4. 合作教育与音乐教育

音乐艺术实践的合作性体现在多个方面。首先，一个音乐作品的创作并不仅限于创作乐谱，同时也涉及表演者和制作者之间的紧密合作，只有他们共同演绎出这首作品，才能真正完成。其次，在音乐表演过程中，演唱者、伴奏者、伴舞者、领唱者、伴唱者、合唱团以及音响控制和舞台美术等方面都需要密切合作，共同营造出一场完美的音乐演出。只有当各方之间的关系处理得当、和谐，音乐作品才能达到卓越的状态，使每个参与者都能够充分享受合作的愉悦。因此，在音乐艺术实践中，合作具有特殊的实践必要性。

音乐艺术表演需要高度协作的技巧展示，其中蕴含着许多和谐的元素，如协同演唱、合奏、齐声演唱、协调演奏等等。此外，歌舞表演也是不可或缺的一部分。作为集体活动，它需要所有成员紧密配合、通力合作。同时，每个个体又要发挥自己的作用，不过度也不削弱，以达到和谐的目标。因此，参与者需要进行长期的、经过反复磨炼的合作训练，才能与他人紧密合作。他们需要恰当地掌握突出、配合、出现和沉默的时机，以确保不会影响原本的意思。因此，音乐艺术的合作性可以被视为一种精炼的社会共处方式，通过潜移默化的途径来促进合作意识和能力的培养。团队活动有一种独特的风貌，它能够自然地培养团队意识和合作精神，而其他的活动并没有这样的教育培养功能。

国际 21 世纪教育委员会在提交给联合国教科文组织的报告《教育——财富蕴藏其中》中指出：在全球经济活动中，普遍存在竞争的氛围。这种氛围强调竞争精神和个人的成功，在各个国内外都得到了凸显。随着现代信息传播方式的发展，世界正在逐渐从一个地域局限的社区变成一个全球性的社区。这种变化使得各个国家、民族以及人类之间的互动、交流和竞争变得更加紧密和激烈。单凭个人、封闭、独自抗争已经无法应对连锁、超级和集团式的市场竞争。改革制订了一个目标，即培养学生在课程教学中具备"交流与合作"能力。音乐教育标准强调了音乐教育在培养社会交往能力方面的重要性。在进行音乐教学时，除了要重视学生的个性发展，还要重视培养他们与他人和睦相处的素质和能力，这可以增强他们的社会适应能力。

5.音乐合作教学的特点

（1）以合作表演为主要方法

尽管合作表演法在其他学科的教学中得到了应用，但在音乐教育中并没有被广泛采用，因此它还不是最常见的音乐合作教学方法。音乐需要通过演绎才能充分展现其魅力，缺乏演绎则难以真正感受到音乐的魔力。因此，表演法是学习音乐时必不可少的一种重要方法，因为它能够更深入地加深对音乐的理解与体验，超越其他任何一种学习方式。同时，学生还表现出了强烈的好奇心和勇于表达的心理特点，因此表演法很适合他们的学习风格，可以产生更好的教学效果。

（2）在审美感受和表现过程中实现合作意识和能力的培养

音乐合作教学不仅注重培养学生的音乐审美感受和表现创造能力，而且致力于发展学生的合作意识和合作能力。通过合作学习的方式，学生能够在音乐合作教学中自然而然地培养出这些能力，而这些能力也是为了达到音乐感受、表现与创造力的培养这一主要目标而服务的。因此，在音乐合作教学中，我们只能看到各种形式的合作学习，而所听到的仍然是节奏和旋律，缺乏关于提升合作能力和学习合作技巧的指导。

（七）音乐情境教学法

情境教学的理念，首先由布朗（Brown），柯林斯（Collins）及杜吉德（Duguid）提出，他们在1989年发表了一篇名为"情境认知与学习文化（Situated Cognition and the Culture of Learning）"的论文。研究表明，一些职业工人比如屠夫、助产士、修车工人、木匠、面包师傅等，虽然没有接受完整的专业训练，也没有学习过相关的理论知识，但是却能够像专家一样有效地解决工作中出现的问题。这是因为这些工人通过实际工作经验不断学习和提高，从日常生活互动中积累了解决问题的技能，因此他们的知识习得是在与环境互动中逐步形成，是基于旧有知识的重新组织和建构。唐朝的诗人王昌龄最先提出了"情境"这一概念，他在《诗格》中探讨了"诗有三境"分别是"物境""情境"和"意境"。"情境"即有情之境。

情境教学法是以启发式教育思想为基础的一种教学方法，旨在创造具有真实感和情境感的学习环境。在古代中国和古希腊罗马时期的教育思想中，我们可以看到一些共同的特点。举例来说，《学记》中的"道而弗牵，强而弗抑，开而弗达"思想和苏格拉底的"产婆术"，都旨在让学生在引导下自我发掘、自我认知、自我解决问题。以上都可以视为情境教学初尝试的雏形。在美国教育家杜威的观点中，教学中采用构建具体情境的方式得到了更进一步的发展。杜威的教学方法包括创设情境、引起动机、确定目的、制订计划、实施计划和评价成果六个方面。

在当下的教育理念中，情景教学的形式已经被充分地阐述。例如，在苏霍姆林斯基所倡导的教学理念中，自然情境被强调为教育中不可或缺的因素。他经常带领学生亲近大自然，细心观察并感受自然美景，从中享受乐趣，以愉悦的氛围促进学习，从而激发学生的学习热情，培养他们的想象力和审美能力。他还著有一本名为《大自然的书》的书。该书共300页，每一页都通过生动细致的客观描绘，引起了孩子们极大的兴趣。建构主义学习理论是在20世纪逐步形成的，它进一步完善了情境教学理论。根据建构主义的理论，情境创设是构成学习环境四个基本要素之一，同时也是学生顺利展开"意义构建"过程所必不可少的重要步骤。因此，无论采用抛锚式、支架式或随机进入式教学法，教师都将情境的创设置于教学环节设计的首位。

高中语文特级教师李吉林同志曾较早地提出并探讨了把情境教学作为一种独特的教学方法在我国应用。她在高中语文教学中，将国外外语教学中的情境应用方法与我国古代诗词涉及的情感表达思想有机地结合。她运用反映论的原理，创设了生动具体的教学场景，巧妙运用形象化语言，引导学生全面理解和运用语言，取得了显著的教学成果。她逐渐建立了一种情境教学操作模式，其中以"形"为手段，以"美"为突破口，以"情"为纽带，以"思"为核心，以"周围世界"为源泉。尽管李吉林同志最初提出情境教学理论是为了高中语文教学而设计，但是该理论能够被广泛应用于不同教学实践,并且在各个领域中得到了越来越多的应用。

综上,作者可以对音乐情境教学法作如下描述:在教学中,教师活用情境来达到激发学生情感的目的。具体来说,教师会为教学内容创造一个生动、具体的情境,以形象化为主,具有一定情感色彩,让学生仿佛置身其中,身临其境,感受到情感上的共鸣。这一教学方法可激发学生的学习热情,有助于学生理解课程内容,进而促进心理素质的发展。同时,在这种教学中,情感和理性相互促进,达到情理交融的境界。情境教学法的要点是通过创设情境,引发学生的情感共鸣和兴致,使他们深入参与学习并有更加深刻的情感体验。

1. 情境教学法的特点与价值

(1)情境教学法的特点

①情感性特点

激发学生的情绪和情感,创造逼真的情境,这是情境教学法的主要手段。这个特点源于情绪心理学领域的研究成果。发现情感对认知活动起到了至少三种作用:激发行动的动力作用、加强印象的强化作用和调节情感的调节作用。其中,动力作用指情感能够对认知活动的促进或阻碍产生影响,具有积极的情感能够激发认知活动,而消极的情感则会对认知活动的开始和进行产生负面影响。情境教学法的目的在于通过创造具有积极、健康情感体验的教学环境,激发学生的学习兴趣和热情,从而使他们更加主动、积极地投入学习,并享受到学习的乐趣。因此,无论是杜威、苏霍姆林斯基、李吉林等人提出的教育理论,还是建构主义教学理论,它们都注重在实施教学时吸引学生的注意力,激发他们的积极情绪,并把培养学习情感态度放在重要位置。

②形象性特点

教学过程中,要通过巧妙运用情境教学法的形象性特点,呈现生动具体的情境和形象,以激发学生的学习热情。在教学中,所创造或引入的情况可以被归类为直接情境和间接情境。直接情境是通过创造逼真的情景,让学生能够真切体验并形成深刻印象的教学方式。而间接情境,学生能够仿佛身临其境,进而通过想象和联想,在脑海中构建具体的形象,实现语言直观感受的效果。夸美纽斯在《大教学论》中强调了感官起点知识的至关重要性，认为所有的知识都源自感官。这一观点强调了在教学中帮助学生理解规律的一个重要方法。借助直观的方式，可以将抽象的知识变得更为生动、易于理解，帮助学生形成直观感性的知识。传统的教学模式仅仅是向学生展示实物或教具，或者简单地进行实验演示。虽然这样有一定的直观效果，但是仅仅依靠实物或教具的呈现，会导致学生的机械重复，缺乏情感的投入，无法引起学生的激情。情境教学法通过生动的形象展示（包括直接和间接形象），让学生身临其境或仿佛亲临其境，从而帮助他们充分感知并抽象理解学习内容。此外，情境教学法可以激发学生学习的积极性和兴趣，让他们更主动地参与学习活动。

③启迪性特点

当人处于特定的环境中时，他们会产生一种心理活动，即将所接触到的事物组合起来，并形成一种可能性的东西，如一个形象、一条原理或一些知识的倾向。这种心理活动是由环境所提供的暗示或启发所引起的。情境教学是采用丰富多样的手段，如生动形象的语言描述、角色扮演、诗歌朗诵、绘画、体操、音乐欣赏、旅游观光等活动，将教学内容融入情境之中，以引起学生的心理共鸣和反应。这种教育方式具有潜移默化的隐含作用，可以有效地激发学生的学习兴趣和主动性。情境教学的具体场景可以为学生提供指引，以调动其现有的认知结构。当将这些线索融合在一起，结合思维的内部机制，就能够形成新的认知结构或领悟。当人们处于特定情境下时，某些提示或触发因素可以激发他们的灵感和洞察力，从而帮助他们成功解决问题。这彰显了情境在唤起和启迪智慧方面的重要作用。

（2）情境教学法的价值

①情境教学法可以使学习活动变得主动快乐

情境教学法通过创造具体的情境，激发学生的情感和意愿，并将其作为形成动机的重要因素。情境具有感染力的特点，能够唤起人们的审美情感、道德情感以及智力情感，并且从而鼓励学生的主动学习，并以此提高了课堂教学的效益。情境教学法通过创造美感、情感和形象化的情境，将教学内容隐形于其中，使得学生能够获得审美快乐，释放想象力和创造力。这种教学方法打破了传统的呆板、单调的教学方式，并且拓宽了音乐课堂的空间范围，从而使学生能够更主动地学习、掌握知识和技能。

②情境教学可以为学生提供启迪

通过情境教学，诱导学生自主思考和发现，提升他们的想象力和创新能力，使其更好地理解和应用所学知识。心理学和暗示学的研究表明，人具有易受暗示的特征。根据 H. 伯恩海姆（1840—1917）的《论暗示》中的观点，一切能够对心理产生影响的事物都被视为暗示。通过 A. 比耐的实验结果可以得出结论，儿童天生就具有接受暗示的能力，这种能力是人类天生的本能之一。因此，他在他的著作《可暗示性》中将"可暗示性"一词被诠释为与"可教育性"同义。情境教学法的独特之处在于它强调了形象化、情感化和启发式的教学方式，这种方法可以引导学生在学习过程中融入逼真的场景，激发他们的想象力和创造力，从而达到更加深层次的学习效果。当代教育者高度重视情境教学法的创造性素质培养价值，这也是该方法现今积极倡导和广泛应用的原因之一。

2. 音乐新课程与情境教学法

传统的音乐教学偏重于向学生传授和训练音乐知识技能，而轻视学生在音乐方面决定性的因素——音乐兴趣和爱好的培养，这会阻碍学生在音乐方面的持续发展。当一个人对某件事物或活动表现出积极、热情和肯定的态度时，就可以称之为对此感兴趣。这种兴趣能够激发个体的参与、认知和探究欲望。学习时，保持兴趣是非常重要的。兴趣是引起和维护注意力的主要因素。如果我们对某事感兴趣，我们就会自愿地去探索它，学习或认识该事物便不会成为负担。因此，兴趣在学习中具有重要的驱动作用，它可以激发学生的自我学习和探索的热情，并成为创造力培养的基石。音乐新课程的主旨是以学生的音乐兴趣和喜好为引领，将其作为教学的起点和落脚点，以此为重点和目标来进行教学。为了满足音乐新课程的要求，我们需要采用新的教学方法，以期激发学生对音乐的兴趣，并让他们在学习音乐时体验到愉悦和积极的心态。而情境教学法恰好适应了这种需求。这种教学方法可以帮助学生在学习过程中产生真实的情感体验，从而增加他们对音乐的兴趣和感情投入。由于其具有形象化、感性化和启发性的特征，音乐课堂能够迅速激发学生的积极学习态度和愉悦情绪，帮助他们享受音乐并在心灵上得到满足。

3.音乐情境教学的特点

（1）音响设境为主

音乐是一种用声音表达情感与形象的艺术形式。因此，音乐情境教学法的一个优点就在于它能够通过音乐来营造情境，引导学生进入学习状态。这也是音乐教师通常采用的情境创设方法之一。

（2）以情激情突出

相较于其他艺术形式，音乐艺术更富有表达情感的能力，而音乐学科的学习也更需要通过情感体验来深化认识。因此，在音乐情境教学中，虽然情景也很重要，但是更侧重情感表达，以情感激发激情的特点更为显著。例如，从第三届和第四届全国中小学音乐课（录像）评比中我们可以发现，教师们充满热情地讲解，他们引人入胜地演奏和唱歌，而且为了激发学生的学习热情，他们还适时地运用肢体语言和舞蹈动作。这种教学情境让学生们更加积极地投入到学习中来。

4.音乐情境教学常见方法

在音乐情境教学中，一种常见的方式是利用学生已经熟悉的音乐来制造与教学内容相关的情景。为了达到这个目的，需要精心挑选与所学内容相关的音乐风格、年代背景、作者和情感类别。音乐可以通过多种方式呈现，可以使用多媒体播放，也可以让老师和学生一起回忆并合唱。在音乐教育中，教师常常使用音乐来表现不同的情景，这是一种方便且广泛运用的教学方式。福禄培尔是德国著名的教育家，他认为儿童活动的一个显著特点是游戏，儿童通过游戏可以将自己的心里的活动转变成外部的活动，这些外部活动是以独立、自主的方式体现，儿童可以通过这种方式得到一定的满足感和愉快感，同时使内在与外在达到和谐的状态。[①]可以很明显地看出，通过运用游戏来引导学生进入情境，是最贴近学生日常生活、同时也是最有效的情境引导方式。

（八）音乐创造性教学法

创造学是一门研究人类创新和发明规律的学科，它在20世纪初开始逐渐形成。创造性教学是一种由创造学所促进的教学方法，其重点在于通过创造力训练

---

① 梁米娅.生态视野下的音乐教育[M].长春：吉林美术出版社，2018.

来培养学生的创造力。创造性教学在美国是最早得到推广的。自20世纪50年代起，美国就开始关注培养创造型人才的重要性，并展开研究以促进创造性思维的发展。在20世纪70年代，国际教科文组织在《学会生存——教育世界的今天和明天》中指出，教育有促进创造力的作用，但也有可能阻碍创造力的发展。因此，教育应该重视每个人的独特性，鼓励他们充分发挥自己的才能和创造力，以培养更多的创新人才，这是全球各国共同关注的问题。

陶行知是我国最早倡导创造性教学的教育家之一，他认为创造是人生的精髓，将培养学生的创造力视为教育的核心目标。其主张教育应该致力于培养那些具备创造能力的人，他们能够充分利用环境的影响，在自己的基础上去精炼和运用这种创造力，最终为民族和人民作出更大的贡献。在1999年，中央政府召开了改革开放后的第三次全国教育工作会议。政府在会议中宣布了《深化教育改革全面推进素质教育的决定》。该文件提出了将培养学生的创新和实践能力放在素质教育核心的新目标当中，并将其作为教育改革的重要方向和中国新世纪的目标。

创造性教学法是一种教学方式，注重在课程和目标上进行创意设计。教师会引导学生在解决问题的过程中展现创造性，因此，该教学法的核心在于问题，以问题为导向，贯穿整个教学过程。要实现创造性教学，需要在学生心中培养出对问题产生困惑的渴望，并引导他们能够通过思考、探索和处理，自主解决问题。问题具有启发学生思考、观察的作用，能够激发学生的主动性、自主性和创造力，在教学过程中，学生会积极探索解决问题的方法，克服困难，发挥自己的创造性才能，全面发展个人人格。这种做法对教师的能力要求很高。教师应有能力从教材中发现问题，并创造积极的问题场景。在教学过程中，为学生安排一些有一定难度但又不过于难以克服的学习任务，可以推动教学的持续进步。因此，创造问题情境是教师实施创造性教学的重要步骤。

创造性的教学方法是通过设计情境并引导学生主动探索问题，鼓励他们运用已有知识进行分类、综合、加工、组合，以达到创造性地解决问题的目的。传统的教学模式强调知识的传授，通过"告诉"学生已有的经验和知识，导致学习者变得被动，缺乏主动性。这种教学思想否定了学生独立探索和积极思维的能力，忽略了他们的潜在潜力，这是不可取的。创造性教学是师生一同探究学习的过程，其中教师起到探索性的引领作用，帮助学生更有效地开展探究活动。提供有条理的学习素材，能够激发学生的好奇心和探索欲望，使他们踊跃参与实验和探究活动，并自主发现问题和解决问题。

当教师鼓励学生自主探索未知领域时，学生会经历一个逐步清晰的过程，这其中包括探索、实践和面对挑战。这种教学方法不仅可以帮助学生提高自己的知识水平，还可以作为培养学生的创造性人格的路径。相比传统的教学方法，这种方法注重学习过程，强调学生的参与和自主性，教师只是起到引导和帮助的作用，检验教学效果的指标也不再仅仅看学生记住了多少知识，而是更加关注学生的思维能力的培养结果和创造能力的塑造结果。鼓励并帮助学生进行探索学习是创造性教学的理念，其将学习的过程作为关注重点。这种教学方法要求教师在教学的过程中，引导学生在未知的领域自主探索。在此过程中，学生不仅可以建立知识体系，还可锻炼创造性思维和能力。

建立一个注重培养创造性人才的教育体系是我们国家发展和民族振兴的重中之重。只有这样，我们才能培养出大量的创造性人才，让他们像天空和江河一样源源不断。有些人将传统的思维方式称为"东方思维方式"，即注重求同式思维而忽视求异性思维。如果我国的教育只注重培养学生的同质化思维，那么就很难激发他们的创新能力。

音乐艺术实践包括三个主要方面，即作曲、演奏和欣赏。每个方面的实践都有独特的创造性成分。作曲者利用各类音乐语言有条不紊、有规矩地来表达个人的情感和想法，这一过程即为作曲创作。音乐表演是展现乐谱变成音乐的必要步骤，若没有表演，则音乐无法实现。表演者的演唱和演奏过程被称为二度创作，因为他们在将乐谱表现为音乐的过程中，加入了自己的再创造和想象。听音乐时，人们的感官主要依靠听觉来感受。在听音乐的过程中，人们通过音乐表达的情感而引发出各种的联想创作，这也被称作三度创作。因此，可以说音乐艺术的实践过程是一个具有创造性的过程。音乐在不断地进行创造和重新构思，以实现其所需的功能和价值。

作为艺术形式，音乐包含了丰富的意象和情感元素。然而，由于它是一种听觉艺术，因此在这两方面具有极大的灵活性、不确定性和模糊性，完全取决于个体的审美体验和想象力。在音乐鉴赏过程中，因个人理解的差异，音乐审美者会有各种各样的思考和感受，同时也会根据自己的体验、联想和想象，创造出独特的形象、情感和解释，使得同一首音乐作品可以有不同的表现和理解。创造实践过程包含了赋予、解释和理解，而创造特征则具有全新和独特的特点。因为音乐艺术的实践要求创造性思维，所以在音乐教学中有很多促进创造力发展的机会。在教授音乐欣赏方面，即便是对同一件乐曲，不同的受众也可能产生差异的情感感受。例如，听者可能会把贝多芬的命运主题音乐感受为命运之神敲门的声音，与命运之神的对抗声音或是命运之神威严而强大的声音。相比其他学科，这个特点更容易启发学生的创造力，帮助他们充分发挥想象力和创造性思维能力。因此，音乐课不需要寻求唯一的答案，音乐演奏也不需要揭示真相。在音乐表演教学中，借助情感的体验来引导学生更深层次地理解音乐，可以激发他们的自我表达欲望和创造力，同时激发他们独特的个性特质和创造性才能。这样的教学方法可以鼓舞学生积极地参与表演，发掘并展示出他们的潜力。在音乐教学过程中，注重个性化表演和独特的听赏理解，对于每位学生都具有至关重要的意义。这不仅是必需的，而且能够激发创造性的思考，提升学生的能力水平。因而，音乐教学扮演着培育学生创造性特质的重要角色，这一点不应被轻忽。

根据《音乐课程标准》，音乐创造是基础音乐课程的一项重要内容，其目的在于通过音乐来拓展学生的想象力和才能，并激发他们的创造力。所以，在普通学校，创造教学只是培养学生创造性思维和音乐表达能力的特定概念，而不是指专业的作词作曲教学。音乐创造教学包括以下几方面内容。

1. 创造性演唱（奏）

将音乐中要表达的感情和风格用歌声或者不同的乐器声在表演的过程中体现出来，这个过程被称为创造性演唱（奏）。它有很多形式，如二重唱（奏），通过漫画将音乐的内容表现出来，将音乐的情感融入创作的散文、诗歌中等。在唱歌（乐器）的教学中，这一活动会经常进行，因为创造性演唱（奏）可以帮助学生展示自己，使学生变得更加自信。

2. 即兴表演活动

即兴表演指的是学生在演奏过程中不按预先准备好的乐谱或曲目演奏，而是根据当时的感受和灵感，自由地即兴创作和表现音乐。奥尔夫音乐教育体系认为，即兴创作是一种十分重要的艺术形式，因为它是最自然、最原始的艺术形式，能够直接表达人们真实的情感，而且还可以帮助不太具有想象力的人提高他们的创造力。[①]学生参与这项创新活动，不仅能够塑造积极的思维方式和提升反应能力，还能够有一个有效的途径来促进他们的思维灵活性、反应敏捷性以及想象力。

3. 音响探索

音响探索是一种以模仿和创造自然界及生活中的声音为手段的探索活动。在音乐教学中，老师会引导学生聆听国内外著名的音乐作品，让学生感受到音乐和世界密不可分的紧密联系。同时，老师会帮助学生发现音乐表达丰富的声音和独特的情感表现能力，并以此为基础，启发学生打开自己的想象力，利用各种日常用品亲自制作出类似于大千世界音响的"乐器"，进行表演。

4. 节奏、旋律的补充和发展

节奏、旋律的补充和发展是音乐创作中的重要环节。通过节奏和旋律的补充和发展的创作课程，低年级的学生可以在符合他们认知水平和学习能力的基础上培养自己的其他能力。教师除了要求学生加强节奏和旋律，还需要激发学生在音乐创作方面的能力，鼓励他们创作出自己的音乐作品。这会让学生感到创作的成功，增强他们的创造实践积极性。

5. 在系列音高、节奏上创造旋律

指导学生在确认节奏和拍子的前提下，运用多种不同的音高和音符编创旋律，并试着用歌唱或演奏的方式表现出来。为学生提供多种节奏模式，让他们自由创作旋律，根据教师的要求去展现不同的音乐风格特色。

6. 歌曲创作

歌曲创作涉及将歌词与曲调相结合。这是音乐创作教育中的巅峰课程，要求学生具备旋律创新能力和音乐记忆与谱写能力。在提高音乐教学中歌曲创作的实现性，同时减轻学生作曲的难度方面，有两种方法可以尝试采用。（1）引导学生在自由发挥唱歌的基础上，与老师一起记录歌谱。然后，由老师给学生规定一些

[①] 戴定澄. 音乐教育展望 [M]. 上海：华东师范大学出版社，2001.

创作规则，让他们在修改过程中进一步完善这首歌曲，最终呈现出一首完整而有质感的作品。（2）学生使用计算机进行音乐创作。例如，使用 TT 作曲家等软件，输入主旋律，为音乐选择合适的自动伴奏。学生们在音乐制作中，可以反复聆听、感受和修改，以此达成音乐创作和欣赏之间的有机融合。

二、音乐教学的设备

良好的音乐设备在音乐教学中也是比较重要的，它可以提高教学效果，使教学的质量得到保障。音乐教学设备分一般性教学设备与电化教学设备。学校可根据实际情况，逐步加以充实和完善。

（一）一般性音乐教学设备

一般音乐教学设备是保证教学正常进行并取得良好教学效果最基本的条件。学校应该设置音乐教室、配置桌椅、钢（风）琴、五线谱黑板、教学挂图、简易乐器柜等。

1.音乐教室

目前，我国城乡高中大多数没有专用音乐教室，有些中等师范学校、幼师的音乐教室设备也不够完善，边远山区的条件就更差。在这种情况下，音乐教师可以从实际出发，积极创造条件，首先建立一个音乐教室。

（1）建立音乐教室的必要性

①能使学生集中精力上好音乐课

有固定的音乐教室，学生才能全心全意听教师讲课，而不会把其他作业带到音乐教室，这样方可使音乐教室收到它应有的效果。

②能造成一种音乐环境

有固定的音乐教室，可以让学生置身于一种音乐环境，激起他们对音乐的渴望的情绪。

③能减轻教师的组织负担与教学负担

教师置身于设备齐全的音乐教室，可随意使用各种设备进行教学，其工作强度无疑能够大大减轻，而工作效率却反而可以大大提高。

④能延长设备的寿命

将各种设备固定在音乐教室使用，而不用将其搬来搬去，自然有利于延长它的使用寿命，这道理是不言而喻的。

（2）目前标准音乐教室的结构

①音乐教室应比一般教室面积大。教室内有五线谱黑板、音乐挂图、幻灯银幕，有钢（风）琴，有存放音响设备的大柜及简易乐器柜等。另外，音乐教室最好建在离教学主楼较远的地方，这样既可使学生在室内尽情歌唱，又不影响其他教室的教学活动。

②创设良好的审美环境，精心布置音乐教室。如选择颜色适当的窗帘，挂音乐家画像和赞美音乐的书法作品等。

③钢（风）琴一般在讲台的右边，呈斜方向放置，这样既美观又可使教师在弹琴时看见上课的情况。钢（风）琴放置的地方要注意干燥、通风，如果地方潮湿，要把琴放在木板做成的台子上。要注意保持钢（风）琴外壳与琴键的干净。

④音乐教室用的黑板可制作成五线谱黑板，教师上课时可随意在黑板上写谱，既方便又节省时间。五线谱黑板的五条平行横线用红色油漆划成，整块黑板的五线谱最好是双数，这样便于书写两个声部的曲谱。另外，还可制作一块五线谱小黑板，供备课用。

⑤磁性黑板在教学中已被广泛使用，它的优点是方便、随意、节省时间。

2. 直观音乐教具

（1）挂图

在音乐教学中使用挂图，能使讲述的内容一目了然，学生们在边看边听的过程中加深对所学知识的印象。常用的挂图有常用音符、休止符挂图、民族乐器挂图、西洋乐器挂图等。

（2）可操作性教具

为了增强教学效果，教师应自制可操作性教具。比如用硬壳纸做成键盘、常用音符、休止符等。

3. 注意事项

建立责任制和制定规章制度，以及科学使用和保养各种设备，音乐教室内的设备可以得到良好的管理和维护，保持良好的运转状态，以发挥最佳效果。这将为音乐教学提供稳定和可靠的设备支持，提高教学效果和质量。

（二）电化教学设备及应用

科学技术的迅速发展为音乐教育的现代化提供了新的机遇和条件，电化教学在音乐教育中的应用也越来越广泛。下面简要阐述电化教学的内容和意义以及在音乐教学中的地位。

1. 音乐电化教学的特点

采用现代化的视听工具可以减轻教师的教学负担，节省人力和减轻劳动强度。通过现代化的视听工具，教师可以更生动、直观地展示音乐素材，激发学生的兴趣和参与度。通过推进电化教学的发展，可以为教育体系提供强有力的支持，促进教育的创新和改革。实践证明，电化设备的引入能够显著提高教学效率和质量。

2. 音乐电化教学的优越性及在教学中的地位

（1）音乐电化教学的优越性

通过幻灯片、电影、录音、录像等电化教学手段，超越时间、空间和地域的限制，以丰富的视听方式帮助学生感受和理解音乐作品。电化教学不仅可以解放教师繁重、重复的劳动，节省教学准备时间，还为学生提供了更便利的学习方式。它对培养学生的观察力、思维力、想象力和创造力有很大的帮助。

（2）电化教学在音乐教学中的地位

现代音乐教育中，电化教学的重要地位不可忽视。随着科技的发展和教育模式的变革，电化教学在音乐教育中发挥着越来越重要的作用。电化教学是建设高度的社会主义精神文明，是跟上迅速发展的时代步伐必不可少的手段。

3. 音乐教学中常用的视听设备及其应用

音乐教学所需的一些基本设备，如录音机、录像机、电唱机、录音带、录像带等。这些设备确实对于音乐教学起到了重要的辅助作用。因此，现代化的音乐教育需要逐步增加音乐教学的费用，提供更加先进的音乐教学设备，以满足教学需求并提高教学效果。音乐教学中常用的视听设备包括以下几个方面：

（1）音响设备

音响设备包括唱片和电唱机、录音磁带和录音机。这是音乐欣赏教学不可缺少的教具。

①音响设备的功能与特性

A.能使学生集中注意力

音响设备仅有音响、没有图像，反而能引起学生注意，引起他们丰富的想象力，起到深化学生思维的作用。

B.具有情绪色彩，富有感染力

美妙的音乐有诗一般的韵味，画一样的色彩，最能使学生产生强烈的愉悦感和精神上的陶醉，激发他们丰富的联想，从而能有效地训练学生的听觉和节奏感。

C.具有随意性

音响设备可随时给音乐教学提供优越的音响材料，可以复听，也可以重点听；录音机因能将传播、再现与制作的三个功能结合在一起，所以在音乐教室中可充分发挥作用。

D.具有普及性

在我国，录音机、电唱机业已成为普及的大众化电器设备，适用范围较广，价钱不贵，一般学校都能添置。

②注意事项

A.科学使用音响设备。音量与音色要适度。

B.经常保持磁头与设备外壳的清洁，不要将音响设备放在潮湿的地方。

C.选购时，要注意录音带的优劣。质量差的录音带，会影响录音机的使用寿命。

D.注意音响设备的保养，认真管理，及时维修。

（2）幻灯片教学设备

幻灯片教学通过图像展示和说明，明确易懂的展示教材内容，提高了教学的效果和质量。而且，幻灯片教学所需的设备简单，制作便捷，易于掌握和普及。

幻灯片教学的主要方法有如下几种：

①音画结合法

在教学中，应把音乐与画面有机地结合起来，做到音画同步，声像结合，帮助学生更好地感知、理解音乐作品，增强教学效果。

②图片讲授法

利用幻灯图片讲授教学内容，是幻灯教学中最基本、最常用的一种方法。这种教学方法可以把教学内容中的重点、难点制成分解的活动图片，配合讲解；也可以在幻灯片上边讲、边写、边画。

③特定意境法

选择有艺术感染力的图画给出特定意境，以提高学生的兴趣，引起学生的遐想，启发引导学生积极思维。例如，在创作教学中教师展示一幅画，让学生根据画中的情景进行创作。

④图文启发法

以形象直观的图文激起学生的学习热情，调动学生的学习积极性。例如，在音乐知识教学中，可以呈示一幅由各种小动物演奏各种乐器的不同姿态所组成的画面，采用"乐器谜语"的方法，让学生主动分辨各种常见乐器。

（3）电影教学

电影是群众喜闻乐见的一门综合艺术，它充分利用了现代科学技术的成就，具有表现力强，形象生动，真实、感染力强、视听同步的特点，对集中学生的注意力，启发学生的思维，丰富学生的感情，提高学生的观察力，想象力和理解力等，能起到良好的作用。

音乐电影教学中，可以结合声乐演唱，器乐演奏，作品欣赏、人物传记、乐坛动态等教学内容来拍摄。例如，脍炙人口的美国电影《音乐之声》和我国音乐家传记影片《聂耳》等，便是将上述要素有机地结合的范例，堪称优秀的音乐教学片。

（4）电视录像

电视和录像教学以其声音和图像结合、随时再现、表现力和感染力等优点，成为一种综合性艺术形式，为音乐教学提供了丰富的教学资源和艺术体验。

其主要作用如下：

①便于收集资料，进行示范教学。

②有利于学生对音乐知识的理解和掌握，及时提供反馈信息。

③能保存资料，并能推广优秀教学经验。

（5）音乐计算机教学

计算机在音乐教学中最突出的优点是可以帮助学生自学。计算机教学可以提供丰富的学习资源和互动工具，让学生能够在自己的节奏和兴趣下进行学习。

（6）注意事项

①在进行音乐电化教学时，教师应该根据学生的需求和特点，调整教学方法，选取适合电化教学的教学策略和工具。教师应该将提高教学质量作为首要目标，而不是仅仅为了教学而教学。

②在进行音乐电化教学时，要善于运用解说词恰如其分地讲解这样有利于激起学生的兴趣，引导他们思索、联想，收到预想的教学效果。

对于音乐教学而言，良好的教学设备的应用是非常重要的，它能够带来许多优势和增强学习体验。

第四章 国内外音乐教学的发展及现状

音乐教学是随着人类文明的发展而发展的，它和经济文化的发展是息息相关。在全球化的背景下，通过对国外音乐教学的发展过程以及现状进行研究，可以得到一些对我国的音乐教学未来发展的启示。本章主要介绍国内外音乐教学的发展及现状，分别介绍了国外音乐教学的发展及现状、我国音乐教学的发展及现状。

第一节 国外音乐教学的发展及现状

一、国外音乐教学的发展

（一）古希腊和欧洲中世纪的音乐教学

1. 基本概况

公元前 8 世纪到公元前 6 世纪，在古希腊城市斯巴达克出现学校。学校把充满宗教性的舞蹈与军事训练相融合，从而培养斯巴达克民族所恪守的"守纪律和服从"的精神。

古希腊时期的雅典对于音乐教育十分重视，音乐教育在当时占有较高的地位。当时有规定要求男孩在 7 岁时就要开始在文法学校学习，在弦琴学校也就是音乐学校学习唱歌、乐器和吟诗，因此出现了声乐与器乐两个不同方向的基本教学形态。

在欧洲中世纪早期，当时的学校主要设置了七种学科作为学校的主要教学内容，这七门课程被称为"七种自由艺术"，即语法、修辞学、辩证法、算术、几何学、天文、音乐。在这些课程中音乐学科占据了比较重要的地位，被设置为主要课程。

公元 4 世纪中期的古罗马，设立音乐学科的目的主要是为了宗教，这与希腊时期为了让更多的人接受教育而设立音乐的目的还是不一样的。当时的音乐服务于宗教，随即涌现出一个个用来培养圣歌歌手的学校。

《赞美诗唱和集》是一本由格雷哥利所编撰的歌集，也是欧洲历史上首本较为规范的音乐类教科书。此后，西方的意、英、法、德等国家纷纷开启了围绕"基督典礼音乐"来开展的音乐教学。

11 世纪至 13 世纪的骑士教育把世俗的诗和歌曲与马术、剑道并列。代表人物是圭多·多雷佐，他创始了唱名法、改良记谱法，并在歌唱教学上作出了巨大贡献。

2. 音乐教学思想

处于该时期的音乐审美教育观，主要目的在于追求个人身心美的协调发展，从而使信仰理性、确立道德和追求知识的过程中，把理性作为核心的精神并且得以很好地彰显。

古希腊的毕达哥拉斯指出，音乐可以起到"净化"的作用。在他看来，正是因为音乐风格的不同，才使得审美主体透过美感活动进而带来性格层面的改变，使人具备恢复内心和谐的能力，最终实现教育的目的。

这一时代的另一个代表是柏拉图，他的音乐教学思想对欧洲音乐教育的发展产生了巨大影响。柏拉图指出："音乐教育比其他教育重要得多。"[①] 所以，对于作为推动未来社会发展的青年学生，应以文字的形式向他们讲述人类的宏伟事业，以音乐的形式来体现他们心中美好与善良的真理，让他们的生活与音乐一样，充满着人生和谐的"旋律"和"节奏"。

当我们着重来看中世纪时期的音乐教学时，能够发现这一时期的音乐教学是被一种具有神秘宗教色彩包裹的。当时，罗马的国教是基督教，而西方文化的基础正是以基督教为核心的宗教思想文化。处于该时期的教育思想有着极为浓烈的宗教色彩，其目的是引导、感化群众接受宗教信仰。

古希腊和中世纪的欧洲音乐教育把对于自身和谐完美、与天地合一的追求看作是奋斗的目的所在，同时展现出把理性作为核心，来对高尚道德的精神加以确

---

① 周海群. "群"角飞扬 [M]. 沈阳：万卷出版公司，2018.

立的要求。这些正是音乐审美教育理论的基础，对于中世纪、文艺复兴乃至近现代的音乐审美都会产生极其深远的影响。

（二）文艺复兴时期至 18 世纪音乐教学

1. 基本概况

文艺复兴时期的音乐教学对古希腊、古罗马时期的教育体系和教育思想进行了继承，并在二者的基础上作出了调整和修正。这一时期的音乐教学内容抛弃了原本以宗教为教育重点的思想，在形式上开始朝着多样化、自由化的方向进行发展，并逐渐演变出专业分工的发展态势。

经过巴洛克时期和古典主义时期音乐的发展，再加上科学文化等多领域的不断进步，18 世纪美学学科被建立，席勒在这一时期第一次将审美教育的理论概念搬上音乐教学的舞台。

2. 音乐教学思想

在文艺复兴时期以后，音乐教学思想逐渐从宗教思想中剥离出来，这样的变化也使音乐教育领域出现了许多有关于音乐审美教育的学说、理论等，此时审美教育思想的发展空前活跃。

与之前每一个时期的音乐相比较，这个时期的音乐创作对作曲家以及作曲家雇主们的兴致与喜好格外重视，作曲家常常希望自己所创作的音乐作品可以得到大众的喜爱。不管是宗教音乐作品，还是所谓的世俗的音乐作品，在这些作品的内核中始终都是对中世纪围绕多声部音乐作品展开的一种继承，而此时各种不同种类的器乐作品也开始崭露头角。在文艺复兴的晚期，马丁·路德对宗教进行改革，为此他创作了一种新的歌曲样式，被人们称作众赞歌的新型会众演唱。这是一种之前从未有过的歌曲样式，而且其中一些众赞歌的曲调是来自于在那时传播广泛的世俗音乐。帕勒斯特里那是罗马乐派代表人物之一，他所实施的改革使用的正是这种方式，通过对于当时各种乐派的借鉴和学习来打造出个人的风格——纯净且清晰，这里面不仅仅包括当时改革的某些原因，还发扬并传承了中世纪格里高利圣咏的美学。换句话来说，世俗音乐与宗教音乐两者之间的界线慢慢退去，变得越来越相似，音乐家们找到了能够保持两者均衡的一个位置。

16世纪意大利音乐理论家、作曲家扎尔林诺认为世界创造出了和谐,"没有一件好东西不包含音乐构造,谁如果从音乐中得不到愉悦,他就是天生没有和谐。如果谁不喜欢音乐的和谐,那么他就是在某种程度上缺乏和谐,并且在和谐方面是一个无知的人"①。出生于德国的伟大的宗教改革家马丁·路德,他一直比较重视音乐教育的核心——师资问题。在他看来,要想开展一场宗教改革活动,要想更好地开展音乐审美教育活动,首先教师务必要掌握一些特定的技能。他认为,"音乐是万德胚胎的源泉。不为音乐所动的人,我必定把他比作木石。假使身为教师而不会唱歌,那简直没有为人师的资格。"②

17世纪捷克教育家夸美纽斯的《大教学论》的出现标志着教育学科的形成,这部近代最早的系统的教育学著作,从理论上把美育思想融于教育学中,开始重视音乐的审美教育作用。

17世纪是巴洛克艺术繁荣发展的时期。这一时期创作的音乐具有色彩华丽的旋律和装饰性极强的特点,同时复调音乐也达到了一个高潮。在巴洛克时期非常著名的两位音乐家,分别是巴赫和亨德尔。前者纵向发掘音乐,并且到了叹为观止的境界;后者横向发展音乐,推动了主调音乐时代的到来。

浪漫主义时期,人们对新奇事物的渴望不断提升,对于艺术等事物的审美角度也愈加怪诞。这个时期人们更加关心的是作品中是否包含着人类的各种情感,这些情感、情绪是否能够通过作品得到展现。而且就算创作的主题是以"神"为出发点的,其在内容表现上也主要是针对"人"的,可以说是文艺复兴的再复兴。人们的审美情趣似乎开始呈螺旋式的增长。同时,音乐史发展不再局限于英、法、德、奥等国家,世界各地的民族主义音乐开始大面积涌现。

德国伟大的诗人、剧作家席勒认为艺术的完美境界是:"音乐到了具有最高度的说服力时,就必须变成形象,以古典艺术(指希腊雕刻艺术)的静穆的力量来影响我们;造型艺术到了最高完美时,就必须成为音乐,以直接感觉性的生动性感动我们;诗发展到最完美的境界时,必须一方面像音乐一样对我们有强烈的感动力,另一方面又像雕刻那样把我们摆在平静而爽朗的气氛中。"③席勒通过概括

---

① 何乾三.西方哲学家、文学家、音乐家论音乐[M].北京:人民音乐出版社,1983.
② 逸闻,雨潇.影响你一生的名人名言 外国[M].成都:四川文艺出版社,2010.
③ 朱光潜.西方美学史[M].南京:译林出版社,2021.

音乐审美的特性揭示了音乐审美活动的教育价值。在西方近代的音乐审美发展过程中，席勒的审美教育思想依旧占据着较高的地位。他对音乐教学作出的讨论和阐述在近代音乐教学的发展中起到了稳固思想基础的作用。

（三）欧洲近现代音乐教学

1. 基本概况

中世纪封建制度崩溃后，经过以意大利为中心的文艺复兴，以德国为重点的宗教改革后，欧洲的教育体制一步步地形成、完善。自 19 世纪后，欧洲才真正形成近代教育。当前，各国的音乐课程已经发展成为一门成熟的学科，具有科学化、系统化、规范化的理论体系和教学方法，各国学者对于音乐教学的研究也不断深入。同时，随着科技和人文思想的迅速发展，音乐教学也急需作出适应时代要求的改革。最具典型的就是德国和美国的音乐教学改革，这两个范例能够用来表明当代国外音乐教学的多种情况。

（1）德国的音乐教学

德国是当代学校音乐教学快速发展的国家之一。回望历史，德国学校音乐教学是在德国繁荣音乐文化的中诞生的，又是在德国学校教育的襁褓里快速成长发育起来的。文艺复兴时期，德国教育家、宗教改革家马丁·路德首次提出了义务教育主张，并且强调学校音乐教育，说"必须把音乐保留在学校中"[1]。从那时起，音乐教育在德国普通学校中开始备受重视。经过不同阶段的起伏发展和三次重大的音乐教育改革，现在的德国更加重视音乐教育，并且具有了一些当代学校教育的新特征。德国音乐教学的总体目标是，通过音乐教学将人引领到音乐文化之中，培养人的情感和美化人的生活。

德国学校音乐教学有两个方面的内容，分别是课外活动与课堂教学。课外活动是德国学校音乐教学的一个关键的内容。其形式多样，可以是学校的乐团、合唱团等组织的音乐活动，也可以是节日、庆典的集会演出，还可以是音乐会演、学校艺术节等定期的音乐盛会。为了提升学生的积极性，举行课外活动会尽可能地让学生都加入到音乐文化活动中。通过举办这些活动，能够进一步得到全社会

---

[1] 郝爽. 钢琴教学理论与方法探究 [M]. 北京：中国商务出版社，2019.

对音乐教学的关注,增加人们对音乐教学意义的了解。课堂教学是一门在学校教育中的必修课,需要保证课时、完善师资,以及要连续不断地研究和改变音乐教学方法和内容。从20世纪60年代起,德国学校音乐教学就进行了全面改革,多层次鉴赏、创作音乐的能力越来越被重视,以唱歌为主要形式的音乐教学方式在慢慢被摒弃。

德国音乐教学的特征多样化,包括灵活的思维、丰富的样式等。德国学校音乐教学的基本特征有以下几个方面。第一,学校音乐教学习惯与宗教文化联结。德国音乐文化有悠久的历史传统,但是以宗教(基督教)发展为背景的。歌唱颂歌是教会的礼拜仪式。以基督教学说的伦理为依据的教育理想影响着音乐教育,直到宗教改革之后还依然存在教会与学校之间的结合。当今德国社会,产生了翻天覆地的改变,越来越重视个人体验与局部文化,传统的价值定位与整体文化逐渐被摒弃。与此同时,音乐教育与传统宗教价值观之间的亲密关系也有了新的变化。第二,以科学精神研究学校音乐教学。早在1965年,"联邦学校音乐周"就正式建立了"音乐教育研究"学科。在当代,学校音乐教学的科学研究也有相当广泛地发展,计算机也已广泛应用于音乐教育领域。第三,学校音乐教学重视的是学生的多层次发展及特性的培育。这种新型的美育思想率领孕育了"以学生为中心"与"在做中学"的音乐教学法。在这之后,德国学校音乐教学内容的扩展与教学法的创新,亦紧紧围绕以"培养理解社会现象和审美现象的能力以及通过敏感化了的感觉来加强个性意识"[①]这一美育思想。

在德国当代音乐教学思潮中,戈特弗里德·昆策尔(Gottffried Kointzel)的音乐教学思想影响巨大。他在1971年发表的论著《综合学校音乐教学目的改革尝试》中提出:"综合学校的学生应该学会通过听各种音乐音响而探讨所听音乐对人类和社会有何意义""学生应当知道,不把既定的规则当作一成不变的死规定来接受""学生应学会在欣赏音乐时更主动:不仅要听而且要根据音响自己做出行动和反应"等新观点。在德国当代音乐教学思想的作用下,音乐的理念范围被不断地扩充,甚至在日常生活中所能听到的声音,都是属于教学内容的范畴。各种声音包括喊叫声、哭声、笑声等,都被加入声音实验的范围内。

---

① 谢嘉幸,杨燕宜,孙海.德国学校音乐教育概况 新版[M].上海:上海教育出版社,2011.

（2）美国的音乐教学

美国在全世界范围内是一个在音乐教学方面比较领先的国家。美国的音乐课程是从社区歌咏学校开始奠定基础的，但直到1838年才出现正式的学校音乐教学。在殖民地时期和南北战争时期，由于战争的影响，美国音乐教学发展缓慢。第二次世界大战以后，美国音乐教学迅猛发展，直至今日依然是音乐教育发展最好的国家之一。

美国的学校音乐教学在19世纪末、20世纪初逐渐发展起来，从幼儿园到大学都开设了音乐课程，音乐教育初具规模。在专业音乐教学方面，许多综合性大学都开设了音乐系或音乐学院，教学水平达到了一定高度，这是后来美国音乐教育在世界范围内走向领先的重要原因。

美国的音乐教学改革从20世纪50年代开始，其范围涉及幼儿园、小学、初高中各个阶段。这是一次比较彻底的、从教育理论体系开始、涉及音乐教育各方面的改革。首先，由美国政府组织音乐教育领域各方面的专家，对当时世界上比较先进的音乐教育理论和体系进行深入研究分析。其次，结合本国的音乐教学实际情况，充分吸收研究的成果，为各阶段的学校音乐教育制订新的教学大纲，并明确教学目标和方法。从此以后，美国每隔几年就对现行的教育大纲进行修改完善。其中，《曼哈顿维尔音乐教育大纲》对美国的音乐教育有很大的推动作用。这次大纲修订以后，美国音乐教育无论是从高中到大学，还是专业音乐院校，都经过不断完善，形成了一套较为成熟的体系。

美国学校音乐教学的目标有整体目标、阶段性目标、个体学习目标和基本信条四方面的内容。其整体目标是让每一个学生的都接受音乐教学，形成一个可以推动音乐艺术发展的社会；基本信条是"音乐为每个孩子，每个孩子为音乐"。

在美国音乐教学发展的过程中，还制订过一系列阶段性目标，如1915年的目标表述为：公立学校音乐教学的最终目的是使学生通过尽可能多的教学形式懂得音乐、喜爱音乐，使他们的天性得到高尚的文化修养的陶冶。1984年，音乐教育者全国大会制定了1990年目标，它包括三方面的内容：一是到1990年，从幼儿园开始到高年级的每个学生都要接受音乐教学，不论是公立还是私立，初等学校还是中等学校，学校的课程都要有一套完整的音乐教案；二是到1990年，在学生高中毕业前需要修够至少 1 个学分的艺术课程，艺术课程将包括视觉艺术、音乐、舞蹈和戏剧；三是到 1990 年，各高等院校在录取新生时，要制定新的录取标准，要求新生将至少有 1 学分的艺术成绩。

美国音乐教育界在学生个体学习方面，也进行了指导性规范。1986 年，美国音乐教育者全国大会办不了一则名为《学校音乐方案：描述和标准》的文件，文件中在学生音乐学习方面又提出了新的要求：可以亲自创作出音乐作品；可以与他人一起合作，共同来进行音乐演唱；了解音乐在人们日常生活中的重要性，可以对音乐作品进行倾听，拥有鉴赏分析以及审美判断的能力；懂得音乐方面的专业语，可以独自使用记谱工具；可以对音乐作出正确的反应，熟练各种类型的音乐风格；可以独立地继续学习、创作、发展音乐；拥有对音乐的认可感，鼓励社会音乐生活的创建。

2. 音乐教学思想

近现代音乐教育思想受到近代文明的强烈影响，科学技术、政治、经济都有惊人的进步，首先表现为教育的社会性及科技的发展。

19 世纪末 20 世纪初，开展了以德国为中心的艺术教育运动。1905 年在汉堡召开的第三次艺术教育会议指出："通过欣赏教育培养感受艺术美的能力，以此为目的实施艺术教育，把培养人的创造性提到一定的高度。"[①]20 世纪初以来对世界音乐教育具有重大影响的，是国外著名的几个音乐教学体系，主要的有瑞士的达尔克罗兹教学法、德国的奥尔夫教学法、匈牙利的柯达伊教学法、日本的铃木镇一小提琴教学法、苏联的卡巴列夫斯基的音乐教学大纲等。

"体态律动"学说最开始是由来自瑞士的音乐教育家达尔克罗兹提出，通过从理论到实践的全方位阐述，使得身体运动反映在音乐教育中的位置得以进一步确立。它的主要目的是为了引导学生如何更有效地通过听觉和动作来实现对于音乐的感受、理解和表现，通过把身体运动与个人心理对于音乐所产生的独特的情感反应进行紧密融合后来开展学习。它的主要内容包括体态律动、即兴演奏和视唱练耳。

德国作曲家、音乐家卡尔·奥尔夫创立了以其教育改革思想为主体的音乐教

[①] 齐志刚. 对小学音乐教学的几点认识 [J]. 中国教育技术装备，2010（19）：156.

育体系，其教育思想的核心是基于他的"元素性"思想。他指出："这体系绝不是单纯音乐的形式，它是运动、言语和音乐的一体化。儿童在其中不是被动的听众，而是音乐创造的积极参与者。"[①] "元素性"在德语中具有原始的、原本的、基础的、初级的、元素性的、自然的、富有生命力的等多重含义，在奥尔夫的教学体系中，各课程设置及教材、教法都具有这一特征，并为发展儿童个性、社会性，以自然的方式学习音乐、获得更多关于交流、分享、创造愉快的体验开创了一条新的道路。

匈牙利作曲家、音乐教育家柯达伊的教学体系创立于20世纪初，其教学思想的基本点是：发展民族文化，普及和提高本民族的音乐水平，弘扬匈牙利的民族音乐。他编写的独具风格的音乐教材和开创的独特的教法获得巨大成功。他创造了一种立足于本国国情的音乐教育体系和方法，其内容包括以合唱为主的合唱训练、以匈牙利本民族的优秀音乐为主要的教材、以儿童自然发展法则来安排课程和教法的"首调唱名体系""柯尔文"手势等。

自20世纪30年代开始，来自日本的小提琴家、音乐教育家铃木镇一就已经参与到幼儿期的音乐教育，带领整个日本发起"才能教育运动"。他所倡导的教学体系的基本思想为："才能是通过后天的有效教育发展起来的。无论每一个儿童先天情况如何，只要他获得了良好的教育环境，就可以成长为有才能的人才。"[②] 在他看来，唯有音乐老师有着良好的榜样、付出的爱心和严格的要求，方可培养出遵守纪律的儿童，使其具有坚强意志，这也是音乐教育不可缺少的因素。他提出了幼儿音乐教育的四个条件：教育环境、大量练习、儿童音乐学习的积极情感、倾听习惯与技能。铃木的教学体系特点是：坚持孩子一出生就开始早期教育，选择最优秀的教师，聆听和学习最优秀的作品，使用音质好、音准好的乐器，并要求家长参与学习，主张儿童每天反复倾听正在学习的乐曲，以追求更完美的演奏效果。

从20世纪开始，人类社会进入了高速发展的时期。两次世界大战的爆发、科学技术的迅速发展和更新以及反复变化、极不稳定的世界格局，这些因素都深深触动了人民群众和作曲家们的内心。这使得音乐教学的重要性得到了进一步的

---

① 李凌，赵沨.世界音乐教育集粹[M].北京：中国文联出版公司，1988.
② 许卓娅.学前儿童音乐教育[M].北京：人民教育出版社，2010.

凸显，也促使更多的教育家对音乐教学展开了改革创新，以期能够取得更好的教学效果，达到美育的功效。

二、西方音乐教学现状

（一）突出以学生为主体，注重学生参与

学生能积极主动地参与到教学中探索教师提出的任务，这是一些国家在音乐教育中共同的突出特点。参与音乐活动，是帮助学生进入音乐的最佳途径。音乐的歌唱欣赏、器乐、创作等内容，都需要学生亲自参加教学活动，并从中获得对音乐的感受。换句话说，没有参与，学生就产生不了音乐艺术审美体验，也就不可能提高其音乐审美能力，音乐教学的审美育人的目标也就难以实现。让学生亲自参加音乐活动，提升学生的学习兴趣，能够引起学生的注意力，让学生做自己音乐学习上的指导者，还能够培养学生在音乐上的才能，并且通过音乐活动获取充足的审美经验。

（二）注重音乐课程的综合性

美国《艺术教育国家标准》反复强调音乐与其他艺术学科、非艺术学科的联系，提倡关联、整合的课程观念。例如：西尔佛·伯德特·金的《音乐的联系》（*The Music Connection*），便是一套内容极其丰富的教材，其特色之一就是注重音乐与其他学科的联系。

音乐整合课程改革力度和影响最大的是"DBME"（Discipline Based Music Education）——"基于多学科的音乐教育"。这是一个用于从低年级直至高中的改革课程。DBME 包含四个方面：创作、美学、历史和评论。音乐是 DBME 的核心，从音乐出发，把教育价值向其他学科领域发散。走向学科综合也是日本的高中音乐学科的一个发展趋势。在日本，音乐学科已经与体育和语文等相关学科进行了综合教学实验，并收到了较好的效果。

（三）重视学生学习实践，强调培养学生创造才能

许多国家都把"能力"的培养作为制定高中音乐教学的总准则。重点培育

学生的音乐兴趣与音乐审美能力，重视利用音乐教学挖掘学生的创作潜力，栽培多方面共同进步的个体。比如德国关注"音乐是对每个学生来说的，人要发展自己的全部才能"；日本重视"培育学生喜欢音乐的兴趣，提升体验音乐的能力"；美国强调"发展学生对音乐的理解能力和欣赏能力""开发人的潜能，提供创造和自我表现并享受成功的机会"。[①]

在美国，高中音乐教学所规定的课程有：合唱课、铜管乐队课、管弦乐队课、音乐素质课、音乐史课和音乐文献或综合艺术课。实践类课程要求学生具有一定的表现能力，而在音乐能力倾向的实践表演性课程中，音乐素质又是强调的重点。它鼓励学生尽可能进行声乐、器乐和电子音乐的创作，注重激发学生的创作欲望和培养创作能力。

（四）着重培养创新意识

每个国家在进行音乐教学时，都格外强调尽可能让学生演奏不同类型的音乐作品，强化他们感知音乐表现方法发生的某些微小改变，加强他们的自制力。他们通过经常举办一些音乐交流活动，包括即兴演奏和不同风格的乐曲练习，来培养学生对音乐的创作创新能力。

在德国的学校里，进行音乐教学有"主动参与"和"强调体验"两部分。这两部分的重点是说在教学的过程中不应该限制教师和学生，而是要发掘他们的创新能力，为他们创造一个能够进行的思维和动手活动的空间环境。值得注意的是，学习的过程是第一重要的。教学过程中要加强音乐倾听的练习，进一步扩充学习的内容，直到可以听到各种声音。

（五）注重与现代技术结合

现在的国外学校音乐教学课堂上，各种各样的音乐软件和教学软件被广泛应用，计算机作曲和计算机辅助音乐教学亦开展得如火如荼。美国的现在的音乐教学多运用现代技术，让学生在计算机上互动式地参与学习。通过与现代技术结合的教学模式，可以让学生通过链接听到并看到音响及其声波形态，引导学生在历史、文化、民族、音乐、声学、技术的大环境中进行创造性学习。

---

① 金鑫宇. 高等院校音乐教育理论与实践创新性研究 [M]. 汕头：汕头大学出版社，2019.

第二节 我国音乐教学的发展及现状

我国的音乐教育有着悠久的历史。在原始社会后期，我国出现了"成均"这种最早的音乐教育。封建时代，我国的音乐教育思想丰富而不断发展，音乐教育也有所推进。近现代音乐教育思想的引进促进了我国音乐教育的巨大变革和发展。当代，我国的音乐教育不断吸收和借鉴外来思想，并注重发展自己的音乐教育理念，形成了比较完善的音乐教育体系。

一、我国音乐教学的发展

（一）原始社会时期的音乐教学

音乐是人类最主要的情感表现形式之一，当人们第一次在生活中踏着脚步，合着节拍，载歌载舞表达情感时，音乐便诞生了。当人们在观看歌舞表演时，自然而然地接受了音乐教育及文化知识教育。根据《尚书·舜典》记载，尧舜时期已出现专门的音乐家和乐师——夔。他通过教授王公贵族的子弟雍正、平和的乐舞，培养他们道德情操和健康美好的心灵，以使"天下大服，神人咸和"，这是原始社会最初的音乐教育现象。

原始社会后期，产生了音乐学校教育的萌芽。据《周礼》《礼记》记载，我国最早的学校教育中有"成均"之学，学界目前已普遍认为"成均"之学便是"乐教"（音乐教学）。"成均"之学对中国古代教育的发展产生了重要的影响，也开辟了我国古代学校音乐教育的先河。

我国学校教育在夏、商、周时期走向成熟，"校""序""庠""学"等都是指的教育场所。此时，我国的学校教育已经有审美方面的内容了。如《孟子》中记载："夏曰校，殷曰序，周曰庠，学则三代共之，皆所以明人伦也。"音乐教育在商代时候开始被重视，提出"以乐造士"的教育主张。在周代，教育宗旨非常明确，学校音乐教育已经相对完善，并有明确的教育目的。周公旦"制礼作乐"，创建正规的音乐教育机构，并举办音乐教育活动，对推动古代音乐教育的进步有着非常大的影响。他的思想教育认为，在统治方面，音乐可以起到立竿见影的作用。

(二) 封建时代的音乐教学

百家争鸣的先秦时期，我国美学思想和音乐教育思想得到迅速发展，学术氛围非常活跃，孔子、孟子、荀子、墨子、老子、庄子等许多思想家都从不同角度提出了自己的观点和看法，极大地促进了古代音乐美学及美育的发展。其中，儒家的音乐思想相对比较科学，它能把音乐和音乐教育与社会现实紧密联系，既能注意到音乐本身的审美特征，又能发挥音乐的社会功能，这对音乐教育的发展是至关重要的。孔子也非常重视音乐教育，他把音乐教育定位为情感教育。据《论语·泰伯》中记载，他认为君子的修养"兴于诗，立于礼，成于乐"，在《礼记》中也有"乐所以修内，礼所以修外"的记载。这种"礼乐并重"的教育观，对我国音乐教育的发展产生了重要的影响。孟子把孔子的教育思想向前推进了一步，提出"与民同乐"的教育思想，认识到音乐教育的普遍性。荀子认为，人出生以后只有通过良好的教育，才能成为一个"善"的人，而音乐教育是必不可少的。荀子的音乐思想着重强调音乐的思想性和社会功能。

汉代思想家、教育家董仲舒主张采用儒家"六艺"的内容进行教化。到西汉，乐府成为较为完整的音乐教育机构，具有音乐教育的多种职能。西汉时期，已经开始注重音乐教学、演出、创作和搜集民歌。唐代是我国历史上的鼎盛时期，音乐教育也取得了辉煌的成就。唐玄宗是一位出色的音乐家，他不仅重视音乐教育，还直接参与音乐活动，这极大地促进了音乐教育的发展。唐代的音乐教育机构有太常寺、大乐署、鼓吹署、教坊、梨园等。宋元时期的音乐教育主要在完善音乐理论和制造乐器方面得到了长足的进步。明清后期，音乐教学基本处于停滞不前的局面。

(三) 近现代时期的音乐教学

近现代主要是指自鸦片战争至中华人民共和国成立这段时期。鸦片战争彻底打破了中国社会"闭关自守"的状态，西方列强及其文化不断向我国渗透。同时，我国的留学归国人士及思想先进分子，通过不同方式和活动为推动我国的教育发展不断努力。以李鸿章为代表的"洋务运动"和由康有为、梁启超为代表的"维新运动",对当时中国社会产生了极大的影响,促使包括教育在内的各行业都产生了不同程度的变化,在中国教育史上掀起了废除科举制度,调整教育结构,兴办学堂教育,更新教学内容这样具有划时代意义的改革。这时期,音乐课开始受到重视,被正式列入教育计划,"学堂乐歌"也是在这时出现并成为中国近现代音乐教育的重要标志。中国普通学校的音乐教育就是以学堂乐歌开始的。学校教育的对象都是普通民众,它的主旨是提高全民的文化素质、道德品质和审美情操。在当时,以"学堂乐歌"为中心的普通学校音乐教育,对当时的社会风尚、增强国民爱国意识方面起到了积极作用。

1903年,清政府颁布了《奏定蒙养院章程及家庭教育法章程》,明确了对幼儿学习音乐的必要性。1907年,清政府在《奏定初等高中堂章程》,明确将音乐课程列为必修科目,学校通过集体歌唱的方式来对学生进行富国强兵的爱国主义思想教育。至此,中国翻开了普通音乐教学的第一页。

后来,中华民国政府陆续颁布了《中学校令施行细则》《高中教则及课程》《师范教育令》《师范学校规程》和《国民学校令施行细则》等一系列教育法规,对当时高中到师范学校的课程设置、课时数量、教学目的、教学内容等都做了比较明确的规定,音乐书籍和教材也逐渐丰富起来。

到了新民主主义革命时期,杰出的思想家和教育家蔡元培先生提出了"以美育代宗教"的口号,同时提出"五育并重""美育救国"等创见。蔡元培的审美思想影响深远,在当时,他已经非常明确和清楚地论述了德、智、美三者的关系。这使我国对音乐教学的认识达到了新高度,对审美教育的发展起到了极大的影响。

1919—1949年间,我国的音乐教学发展大体分为四个阶段。第一个阶段是1923年之前以学堂乐歌为主的"乐歌课"。1923年,国民政府颁布《课程设置纲要》,"乐歌课"更名为"音乐课",音乐课程内容从唱歌扩大到了器乐、音乐理论等。1934年,教育部分别设立了音乐教育委员会和音乐教材编订委员会,将音乐教育提升到国家层面的高度。这期间,出现了很多声乐题材的作品,萧友梅、赵元任、黄自等人创作了很多优秀的歌曲。第二个阶段是师范音乐教育阶段(20世纪20—40年代)。这一阶段的音乐教育,是由学校开展音乐课程所造成的音乐教师的紧缺所推动的,在师范院校培养的大批音乐教师中,出现了很多音乐家和音乐教育家。

第三个阶段是专业音乐教育阶段，这一阶段主要是设有音乐学科的高等学府的出现，如北大音乐传习所、国立北京艺术专门学校、私立上海美术专科学校等。第四个阶段是抗战期间的音乐教育，主要以抗日救亡歌曲为主，聂耳、冼星海、任光、张曙、麦新等人创作了许多反映当时广大群众要求坚决抗战的爱国热情的歌曲，这些歌曲成为当时学校音乐教学的主要内容。1937年，在共产党领导的抗日战争敌后根据地，建立了一所由无产阶级领导的综合性艺术学校，他们进行理论研究、作品创作、音乐遗产保护、发表音乐刊物，在音乐艺术战线上推动抗战。

（四）当代音乐教学

当代音乐教学随着社会的发展而不断发展进步。中华人民共和国成立后百废待兴，改革旧的教育体制势在必行，因此教育法规相继出台。1952年，教育部颁布的教学计划强调了"德、智、体、美全面发展"的教育方针，音乐课成为中小学的必修课程，从小学到初中一、二、三年级都必须开设音乐课。1956年颁布的初中音乐教学大纲规定，音乐教育的目的主要是教会学生有理解、有表情地歌唱和感受音乐，通过歌曲艺术形象的感染来培养全面发展的社会主义新人。从1963年开始，全国各地原有的高等师范院校设立了音乐系，中等师范学校也纷纷设立音乐班，一些综合性大学也设立了音乐学科。这一时期的音乐教学的特点是：音乐教学模式模仿苏联的模式；过多地强调音乐的社会功能，因而忽视了音乐教学的美育功能。后来，无论是学校教育还是社会教育都具有鲜明的政治色彩。直到1978年，我国的音乐教学才逐渐恢复发展与繁荣。

改革开放使我国的各项事业都迎来了巨大发展，音乐教学领域也不例外。这一时期，音乐教学思想不断解放，教育界开始实事求是，并重新认识音乐教育在国民教育中的重要地位，同时大力发展学校音乐教育。

1. 重新认识音乐教学

美育在人的培养中的重要意义显而易见，只要实事求是，便能清楚地认识到。正是基于这种认识，政府大力推进艺术教育的研究工作，多次召开各级别专门会议，研究有关艺术教育问题。1981年1月，原中华人民共和国文化部、教育部联合发出关于《当前艺术教育事业若干问题的意见》。意见指出："要重视培养专门艺术人才，也要注意普通教育中的美育。各级文化教育部门必须把艺术教育放在应有的地位，加强领导，大力支持，认真抓好。"1985年5月，中国音乐家协会第四次代表大会召开期间，37位音乐教育界代表联名向党中央、教育部倡议呼吁，要求尽快改变当时普通音乐教育的落后现状。随后，第六届全国人民代表大会第四次会议审议通过《关于第七个五年计划的报告》，明确把美育、德育、智育、体育一起列入了国家的教育方针，从而重新确定了音乐教育在学校教育中的地位，使音乐教育恢复到学校教育中。1986年，中华人民共和国国家教育委员会（以下简称"教委"）设立了直属艺术教育处，并且成立了由47位专家、学者、教师、研究人员组成的艺术教育委员会，在国家政府中第一次有了主管艺术教育的职能机构。

2. 大力推动学校音乐教学

在高中，音乐教学的规定最为明确、可执行，因而实施的情况也较好，绝大多数高中生都能接受到规定的音乐教育。针对高中音乐教育的教材也更加丰富多样，既有统一的全国高中音乐教材，又有地区性的高中音乐教材。近年来，更是根据新的音乐教学理念和新的教学实际，对音乐教育进行改革，以求更好推进高中音乐教育的发展。

在普通高等学校，音乐教育更多的是作为选修课，满足学生的兴趣爱好和自我发展需要。另外，社团已成为普通高等学校音乐教育的重要组成部分，参加社团的学生通常都有学习音乐的浓厚兴趣，能够根据自己的个性特点和时代潮流进行学习和创作，甚至创作了一些颇受好评的作品。另外，学校还组织成立了音乐相关的社团，作为一种音乐教育，这些社团有自己独特的方式和特色。社团通常由学生自己组织，并由老师指导。

3. 音乐教学理论研究空前活跃

1986—1993年，中国音乐家协会音乐教育委员会召开了五届"国民音乐教育改革研讨会"，1995年召开第六届研讨会，这对国民音乐教育的改革和发展产生了积极而深远的影响。国内众多与音乐教育理论与实践研究相关的学术社团相继出现，比如中国音乐家协会音乐教育委员会、中国音乐教育学会、中国教育学会音乐教育研究会，还有与音乐学科相关的各类学术研究组织，比如作曲、合唱、奥尔夫、钢琴、基本乐科、柯达伊等学会组织。这些学术团体的创建会在音乐教育相关的理论研究与实践的介绍、交流和传播过程中发挥着极为重要的作用。

20世纪80年代以来是中华人民共和国成立以来音乐教育及审美教育理论研究最活跃的时期，各种研究专著、论文纷纷出版，研究面大大拓宽，如音乐教育学、音乐学科教学法、音乐教学法、音乐教育心理学、音乐比较教育学、音乐审美教育学等，都取得了一系列成果。学者各抒己见，音乐教育思想空前活跃。

二、我国音乐教学现状

（一）对音乐教学的认识依然存在误区

音乐不能像文字一样明确表达主旨思想，所以大家觉得音乐难懂。其实，这是人们未能真正走进音乐、理解音乐，是音乐教育的错位。

音乐教学不是为了使音乐通俗易懂而加入文字类解释性说明。这样的音乐教育往往使音乐停留在解析它的浅层表象上，或者说是被首位分析者的思想所束缚了。音乐学习不仅仅需要理解，更需要通过欣赏以提高自身的审美情趣。

对音乐教学如果不能认识其价值，就会陷入误区，在音乐教育过程中也就会失去目标和方向。常见的音乐教育认识误区有内容知识化和教学理性化、忽视美学价值和表现价值、忽视社会文化价值及音乐修养的标准统一这三个方面。

1. 教学内容知识化和教学过程理性化

艺术学科与其他学科相比，有一个最大的特点，就是其教学内容和教学过程均具有鲜明的情感性。

音乐教育属于艺术教育的范畴，是以培养学生一系列的艺术情感体验及审美能力，形成艺术活动经验，获得精神上的充实为目的。教给学生音乐知识，是为了让学生能够更好地理解音乐、学习音乐和创作音乐作品，这是由音乐的情感本质决定的。在我国高中音乐课堂上，音乐往往是作为知识由老师理性地讲解和学生刻板地掌握的。学生接受的音乐教育往往是音乐知识多于音乐美感体验和情感体验。再准确、全面的音乐知识，也替代不了音乐本身带给人的美感体验和心灵触动。在音乐教育教学过程中，教师应当简要讲解必需的音乐知识，着重引导学生对音乐作品进行赏析和体验。例如，在进行《摇篮曲》音乐欣赏的过程中，学生应体验到音乐中诸如舒适、安逸或其他类似的情绪情感。因此，教师应对音乐的情感进行引导，引导学生对《摇篮曲》进行真正的体验，以达到其情感性并产生精神性的艺术感受。

音乐教育过程理性化，是指把音乐教育看成是传授和培养学生逻辑思维的能力，让学生通过推理来学习知识。从表面上看，音乐的一些乐理知识也为教师强调逻辑性提供了客观依据，如音程教学，其实这是对音乐教育认识的一大误区。音乐课应以满足学生的情感需要为目标，艺术思维的特征是感性为本。避免音乐教育过度理性化，需要教师引导学生从"艺术感"的角度来分析音乐作品，使学生分辨出各种乐器的音色、分析乐曲的各个元素，以此来想象音乐作品所表达的艺术形象，使学生通过体验来丰富内心感受。

总之，在音乐教学中，给予学生一定的知识讲解和理性分析是必要的。但是，理性化教学绝不能代替感性的音乐体验和实践过程。这是由音乐的本质，即情感的本质决定的。音乐教学内容知识化和教学过程理性化，是远离音乐情感本质的教学过程。

2. 忽视音乐的美学价值和表现价值

与专业音乐教育培养音乐工作者和音乐家的目的不同，高中的音乐教学除了教授学生一些音乐知识和音乐技能外，更重要的是要培养学生的音乐艺术修养和审美情趣，为提高学生的综合艺术修养和人格服务。因此音乐教育要高度重视音乐教育的美学价值与表现价值。

一个人如果审美缺失，不仅表现为对美的标准没有主观判断能力，更会影响到他的处世态度和社会行为，表现为对待身边的人或事物都以冷眼相待，在社会上找不到存在感，行为处事缺乏自信心，甚至连基本的道德观念都没有。音乐教育的一大功能就是开发学生对美的感知能力。具有良好美感感知能力的人，往往透露着文艺气息。能够感知美的人，往往对外界环境和身边的人持有开放接纳的心态，能够发现事物的美和别人的优点，能够更加积极地面对各种现象和问题。音乐是人类最直接、有效的情感表达方式之一，音乐教育的重要价值在于以这种常见的艺术来培养人的美感感知力和艺术感知力。音乐教育的价值在很大程度上体现在其美学价值上，美育是音乐教育大的教育目的。

音乐教学另一个容易被人忽略的价值是其表现价值。音乐艺术本质上是一种声音表现艺术，表现的是人们的情绪情感。所以，音乐本身就是一种表现艺术，具有表现价值。音乐教育要突出这种表现价值。

3.忽视音乐教学的社会文化价值

首先，我国的音乐作品种类繁多，内容广泛，且从属于不同的地域或民族。在音乐教学过程中，无形中培养了学生丰富的音乐知识和社会文化知识。所以，音乐教育具有重要的社会文化价值。其次，通过丰富的艺术活动能够很好地锻炼学生的社会行为能力，如组织能力、处事能力等。最后，音乐教育在心理治疗和爱好培养方面可发挥重要作用，因此在增进人的心理健康方面亦有重要的社会价值。

音乐教育的社会文化价值应该予以高度肯定。社会在发展，需要音乐教育发挥其在培养人的综合素质方面的重要作用，焕发起当代学生应有的积极生活的精神和态度。同时，针对人们出现的一些就业压力增大、心理封闭及精神失衡等问题，音乐教学可以适当地缓解或解决其中部分问题。

（二）我国音乐教学基础薄弱

1.我国音乐教学中学生基础知识匮乏

现阶段，学生音乐基础知识匮乏是由多方面原因造成的。

从对于音乐教育规律的认识和把握来讲，对处于不同学习阶段学生的音乐学习心理、学习能力和学习愿望把握不足，导致教育方式和教学内容出现偏差，导致学生音乐基础知识匮乏。

从学校角度来讲，初、高中时期因为追求升学率，学校往往对音乐课不够重视，甚至使学生在心里产生音乐课不重要甚至没有用的消极学习心理，导致学生音乐基础知识匮乏。

从学生家长的角度讲，也存在学习音乐的费用高昂，负担过重，或者有的家长认为音乐不在升学考试的科目范畴中，并且初、高中是学习的重要两个环节，怕音乐耽误学生的学习等原因。这一情况尤其在较偏远的地方或者经济较落后的地区更加显著。

2.音乐教育基础设施条件不足

我国音乐教育基础设施的匮乏主要是针对实践场地和设备而言的。学生的活动场地基本上是教室、广场或操场，设备基本上是学校配备的音乐器材等。图书馆音乐类的图书较少，可供观看的视频类文献更少，不能满足学生的学习需求。

另外，虽然大多数学校的音乐教室增添了投影仪、音响等教学设备，但大多老旧陈化且不够专业，都只是一些基础性的播放设施。对于音乐这种需要聆听、需要感受、需要静下来用心灵去体会的艺术，这样的播放设备是不够的。

3.音乐教育课程设置不科学

在高中音乐课程设置中，针对多元文化的教学课程内容较少，题材不够广泛，表现方式和曲目较为单一，这会引起学生们的疲惫和对音乐的兴趣缺乏。再加上在学校时间紧促的情况下，单调的内容和方法已经无法引起学生的兴趣，也会导致教学的效果不佳。同时，音乐教育课程与实际生活联系不够紧密，缺乏丰富的表现形式和变化的体验模式。

4.音乐教育师资水平低

音乐教育的实施，首先需要高水平的音乐教师。教师是保证音乐课程顺利进行的主导因素，这是由音乐这门课程的特殊性决定的。音乐是一种声音艺术，不仅需要大脑的认知，更需要表演行为的完成，因此更加需要教师示范引导和指点。

但是，由于受传统教学轻视音乐科目的影响，许多音乐教师对于音乐教学的重要性认识不足，教学态度不够专注，因而不能保证音乐教育的有效实施。另外，教师资源配比失衡、教师自身素质水平高低不一等问题也影响着我国音乐教育的发展。

因此，增强音乐教师的教学热情，促进音乐教师在地区之间、不同教学阶段和不同特色院校之间的合理分配，提高教师自身的音乐艺术素养等，都是我国当今音乐教育急需解决的问题。

5.考核体系中的问题

音乐教育的考核体系应当依据音乐教育的目的而定。以普通高中音乐教育为例，其公共音乐课程的目的之一，是让学生掌握基本的音乐欣赏能力和简单的音乐理论知识，因此其考核体系应当侧重音乐欣赏能力的考察。但是，大部分高中目前大都以教师自己的偏好设置音乐课程和考核内容及形式，较少征求学生的想法。而且，我国部分学校依然采取传统的考核方式，用考试的方式对学生进行专业课程的检验，教师简单地用学生的成绩去鉴定通过学生在音乐知识上的学习情况。这种模式下学生学习的音乐知识会比较单调，音乐教学只会限制在教材上，也难以接触到更多不同类型的音乐知识。

（三）对民族音乐教学重视度低

在我国目前的音乐教育中，对本土及民族音乐文化的重视度相对较低，这与我国音乐教育体系主要借鉴于国外有直接关系。

在这种情况下，我国传统的民族音乐相比于源自国外的摇滚、爵士、说唱等流行音乐而言，其发展已经远远落后。特别是对于年轻人来说，后者往往更符合他们的口味，能够更加吸引他们的注意力。而本土民族音乐、本土民族艺术则往往被认为过于僵化或是陈旧。如今，接受和传承这些艺术文化的大都是老一辈艺术家，青年学生在思想上对民族音乐的重视程度不够，专门从事此类艺术研究和传承发展的青年更是凤毛麟角。

在高中的音乐课堂中，对民族音乐审美教育不够重视的现象也比较突出。教师忽视本土民族音乐对学生的重要影响，使此类教学大多流于形式，不能发挥其重要价值，更谈不上对传统音乐的继承和发展。

从社会氛围来看，形形色色的电视节目主要表演或演唱形式都是流行歌曲，对于民族音乐的演出多经过改编，很多都丢失了民族音乐原有的特色。

如今的社会已经离不开网络，网络也成为影响民族艺术发展的重要因素之一。但在当下，网络的发展给民族音乐留下的空间却极小。如果想要从网上感受一下民族音乐的魅力，需要花费很大的精力，甚至只有在一些专门的网站上才会有少量的信息。而且这种信息往往显得简单、不全面，且更新不及时，甚至很长时间都不更新。

音乐是一种艺术，要领悟这种艺术需要相关的学习和感悟。在校期间的学习对于学生领悟和感受音乐艺术至关重要，因此，只有让学生在学校接受纯正的民族音乐教育，让其充分领略本土音乐的魅力和价值，才能激发出青年人对本土民族音乐的兴趣，才能有利于民族音乐传统的继承与发展。

以上对我国当代音乐教育的现状和存在问题做了比较详细的分析说明，其目的是帮助大家认清我国当代音乐教育的现状，并以此为依据提出改革发展策略。只有提出问题，才能去找寻答案。一个伟大的民族不能没有丰富的音乐艺术，更不能缺少具有音乐艺术素养的广大民众。因此，只有客观分析影响音乐教育发展的诸多原因，提出相应的改革发展举措，才能改善我国音乐艺术教育发展仍比较薄弱的现状，促进我国音乐教育的繁荣发展和提升人们的音乐文化素养。

第五章 核心素养理念下的高中音乐教学

培育学生的核心素养指的是学生要有适应个人和社会发展的品质和本领。培育学生的核心素养有三个方面,包括文化基础、自主发展、社会参与,综合表现为人文底蕴、科学精神、学会学习、健康生活、责任担当、实践创新六大素养。核心素养在学生发展过程中有着重要的地位,它影响到国家对人才的培养,另外音乐课堂在帮助学生获取更多的核心素养上发挥着巨大的作用。培养学生的音乐素养是实施素质教育的关键路径,是学生产生核心素养的重要组成因素。在核心素养的影响下高中音乐教师要彻底改变以前的教学理念、教学方法,保证教学质量,把培养学生的音乐素养放在第一位,并贯彻到日常的教学中去。本章主要介绍核心素养理念下的高中音乐教学,主要介绍了三个方面的内容,分别是核心素养理念下的高中音乐教学的问题、高中音乐教学中渗透核心素养的意义、高中音乐教学中渗透核心素养的策略。

第一节 核心素养理念下的高中音乐教学的问题

近年来,随着教育理念的不断更新和发展,核心素养理念作为一种全面发展学生能力的理念被提出并引起了广泛关注。在高中音乐教学中,如何结合核心素养理念,提升学生的音乐素养和综合能力成了一个亟待解决的问题。核心素养是学生在受教育时慢慢养成的特质、观念等综合的能力。而在核心素养的影响下,高中音乐教学给学生的不只课本上简单的音乐知识内容、方法技巧,还要包括在音乐教学过程中给学生输送正确的理念。因此,强化高中音乐教学有利于提高学生对音乐审美的能力,还能够帮助学生形成正向的价值观。但就当下来说,在核心素养理念下我国的音乐教学还有很多的问题。

一、未正确认识到音乐教育价值和意义

受长期应试教育的影响，很多音乐教师教育理念价值观念陈旧，无法正确认识到音乐教学在高中实践教育教学中的深远意义，不能够充分关注学生审美素养和能力的培育。所以在日常的音乐教学之中，教师也不能给学生输出正确的音乐理念。音乐是一项艺术性的学科，在高中时期的音乐教育可以帮学生树立思想上的目标，且可以在素质上进行引导，还对高中生综合能力的形成有着重要的影响。但在实践教学过程中不重视音乐教育，将音乐教学作为整体教学当中的一个小摆设，觉得音乐教学就是简单地教学生唱唱歌跳跳舞，这不能起到教学的作用，所以较难提升学生的个人综合素质。

二、音乐理论教育缺乏人文知识

在核心素养的视域下，高中音乐理论教育包括音乐审美、音乐历史、音乐流派、音乐观点方面的专业理论知识，还重视以人文底蕴与科学精神为核心的文化知识，从而在提高学生音乐专业理论素养方面起了积极的作用。与此同时，它还能够培育在学生人文积淀、人文情怀等方面素质。

现在某些高中音乐教师将音乐理论教育简单地理解为专业理论知识教学，重点去培育学生的专业素养，缺乏对科学精神与人文底蕴的重视。具体表现在（1）对学生的文化修养缺少培养，不只是在音乐课程上没有进行人文教学内容的教育，在许多专业上也将审美课等有关音乐教学内容看作是"副课"，对音乐的文化教育太过于形式注意，形成音乐专业的学生"掌握技能但缺乏文化"的局面。（2）在教学中很少涉及询问和批评的教学内容，只是单一地强调规范、灌注课本知识，持续推进教学内容，让学生只能被动接受知识和技能，缺少思考、质疑内容的学习能力，削弱了学生独自学习的认识，同时降低了学生的创作创新的能力，影响学生当前对音乐的学习与将来的职业规划管理。

三、教学资源匮乏

许多教师在举办教学活动的时候，经常参考教材来规划教学实践活动，但是

教材上单调的学习资源却不能满足学生的需要。特别是进行中西音乐作品比较的教学中，教师并没有通过互联网以及其他平台去搜集不同类型的音乐作品，以便扩大学生的学习范围，只是简单地将教材上的素材展现给学生，这样的教学方法不能真正地教会学生实质的技能，没能给学生听觉、视觉上带来冲击，在欣赏时，学生感受不到音乐的魅力。缺少教学资源的原因是许多教师不能娴熟地运用信息技术，且本身的专业技能不够。因此，加强教师对信息技术的运用能力是当下主要关注的问题，同时也是丰富教学资源、提升教学能力并增强课堂气氛的关键点。

四、教师的音乐教学方式落后

正在经历青春期的高中生们，对一些没接触过事物都很好奇，都喜爱气氛轻松一点的课堂，但是许多音乐课堂忽视了这一点，并没有因为音乐是艺术性课堂就变得活跃有趣。在进行音乐教学时，教学方法还是老师在讲学生在听，缺少师生之间的交流。即使有的教师正尽力去改变这种方式，学会用多媒体等信息技术去改变课堂氛围，但也只是播放歌曲，没有其他多样的教学互动，所以没有对教学方式作出实际的改变，时间长了，学生对音乐课的兴致会越来越少，音乐课的真正意义也无法体现出来。

在高中音乐教学过程中，大多数教师还是用之前的教学方法，这种教学方法以教师作为教学过程中的中心，这样课堂教学的气氛会很枯乏。教师在教学中，缺少对学生的主体地位的重视，而在教学中用较开放式的教学方法，只是有了喧闹的教学效果，忽略了学生对教学内容的学习和吸收，因此很难培养学生的音乐学习素养。而且因为教师太依赖多媒体技术，对学生感情的培养不够，所以降低了学生感受课堂的能力，不能够充实地启迪学生的内心体验。教师采用这种教学模式，不能正确引导学生的思维，教学的模式也得不到长久的发展进步。

五、主体性得不到体现

课堂教学设计的重点是将学生的主体性表现出来，这也是培育学生开阔思维的根本点。部分教师在展开音乐鉴赏课时，不给学生互动与提问题的时间，只是自己在课上讲,这样表现不出学生的主体性。被动学习和评价的方式都不是学生喜欢的上课方式,持续采用这种教学方式会让学生对音乐鉴赏慢慢失去兴趣,不利于学生的多层次发展。进一步来讲,不能体现学生的主体性会让课堂气氛变得低沉,最后的教学效果也不会理想,与课程标准提出的核心素养的培养与教学目标适得其反,呈现不出音乐教学培育人才的价值。

六、对实践缺乏重视

学习系统的音乐知识是重要的,但音乐的实践对于学生来说也必不可少,就如同科学理论缺乏实验一样,失去了理论的实践,也就失去了所存在的重要意义。部分调查表明在高中课堂中,学生们对音乐课的兴趣是相对高涨的,并期待能在音乐课堂上激发自己在音乐方面的兴趣,还能够展示自我。目前多数音乐教师在课堂上花费大部分时间讲授知识,忽略了学生参与音乐实践,这会造成学生不能在音乐课上实现自我价值的情况,慢慢就会降低对音乐课程的兴趣,不利于学生提高音乐素养。

七、音乐专业教育缺乏社会知识

从核心素养教育的方面来看,高中音乐课教学有着重要的作用,包括强化学生尽早适应社会的能力,推动学生社会化发展,重点在培育学生性格、心理与情感,让学生成为一个能够被社会需要的人才。

当前高中音乐课教学还存在一些问题,其中最明显的就是缺少社会知识的讲授。例如,社会学习教育、健康生活教育等方面内容很少融入课堂上去,或者就是简单地讲述一下,不仅没有在课中展开详细的讲解,还没有制定完整社会知识方案,从而形成社会知识教育效果受到限制,甚至只是形式主义的局面。

八、音乐教学急功近利

在高中音乐的教学过程中,教师要想在较短时间内提升学生的成绩和学习能力,这是一件很艰难的事情。甚至有一些老师只是为了应对教育部门的抽查,实际上觉得学习音乐不重要，音乐不在学生的学习范围内，因此并没有仔细地去思考音乐教学的意义是什么，没有去重点培育学生的综合素质、这种教学理念，会降低会学生对外界环境的适应能力，不利于学生之后的发展，也不符合当今社会对学生成长的要求，学生的个人音乐学习能力也没有进步。

第二节　高中音乐教学中渗透核心素养的意义

音乐作为一门艺术学科在高中教学体系中占据着重要地位，音乐教学对培养学生音乐鉴赏能力、艺术能力等具有重要作用。随着形势的发展，高中音乐教学不能局限于传统思路，而是要将核心素养培养贯穿其中，这样才能真正提高高中音乐教学水平。

在高中音乐教学中渗透核心素养的意义是多方面的。核心素养理念强调全面发展学生的能力和素养，而音乐作为一门艺术学科，具有独特的文化价值和审美特点，可以更好地培养学生的审美能力、创造能力和沟通表达能力，提升他们的综合素养。音乐作品具有复杂性和多样性，需要学生通过分析、比较和评价来理解和欣赏。在音乐教学中，教师可以引导学生通过对音乐作品的分析和评价，培养他们的批判性思维，提高他们的审美水平和艺术鉴赏能力。

渗透核心素养的音乐教学还可以促进学生的创新和创造能力。音乐创作是培养学生创新能力的重要途径之一。在音乐教学中，教师可以引导学生进行音乐创作，让他们通过创造音乐作品、编曲等方式，发挥自己的想象力和创造力。通过音乐创作，学生可以培养创新思维和实践能力，同时也能够提高他们的表达和沟通能力。同时，渗透核心素养的音乐教学在学生获取情感体验和情感教育方面也有着积极的作用。音乐属于艺术形式的一种，它能够打动人们的情感，进入人们的内心世界，使人们产生共识。在音乐教学过程中，教师需要指导学生利用音乐将自己的感情和想法表现出来，使学生在音乐中体会到多种多样的情感。通过音乐教育，可以培养学生对情感的抒发和交流沟通的能力，提升他们的社交能力。详细来说，渗透核心素养有以下几点的意义。

一、有利于学生综合素质的提升

在高中音乐教学过程中,渗透核心素养能够影响学生培养综合素质。将核心素养贯穿到日常的教学中,第一,在教学过程中可以提升学生与老师之间的互动性,开阔学生的学习视野,能够激励学生的学习兴致,达到提高教学效率、丰富教学内容的目标;第二,可以加强学生的思维认识,对音乐课程有了全新的理解,可以联系自己的实况,重新确立自己的学习目的。

教师应该重点培育学生的核心素养,改变之前的教学内容、形式等,这样才能在教学的过程中体现核心素养,提升学生的核心素养能力。在高中音乐教学的过程中贯彻核心素养,不仅可以使学生丰富自己的音乐理论知识,还能磨炼自己的音乐素养,提升自己对音乐的创作力与实践力。同时,这些能力也体现了学生综合素质的进步。所以,在高中音乐教学的过程中,运用核心素养教学对提升学生的综合素质有着特别关键的意义。

二、充实学生的音乐情感

音乐属于声学艺术,因为音乐本身具有情感色调丰富的旋律、节奏等,这些可以触动倾听者的内在世界,从而充足了人们的感情世界。高中时期的学生生活空间比较简单,生活的重点是在学校学习,从而缺乏情感的体验,在感情方面成长的较慢。在这种状况下,高中音乐教师可以利用音乐课来体现核心素养,将音乐曲谱中隐藏的情感风格、元素带入音乐日常教学中,能够进一步让高中生接受感情的熏染使学生的感情世界慢慢变得多姿多彩。

比如,教师放一首轻松、活跃的旋律《降 b 小调夜曲》,事先不告诉学生曲目的名字,让学生听完后说出自己从中的感受到了什么。学生则能够利用对曲目的倾听、鉴赏表达自己的体验,进一步来丰富自身的感情世界。再例如说,音乐教师在上课时,选择了一首经典的歌曲《我们从古田再出发》,指导学生经过鉴赏和练习,来领悟和抒发歌曲中包含的情感。在课上,向学生讲述了这首歌曲的创作背景和价值意义,进一步让学生熟悉革命历史。在演唱练习时,教师应该鼓舞学生利用演唱练习来抒发自己的情感体验,指导学生在抒发音乐体会中培育情感素养。与此同时,教师还要指导学生合作演唱，团队练习，从而提升学生的人际交往和团队协作的能力。采用这种教学模式，学生不仅能够利用音乐演唱抒发自己的体会和认识，同时还能更清楚音乐作品中传达的感情和价值理念，进一步提高文化素养和感情素养。采用这种教学形式，教师可以传授给学生实际知识和能力，使学生在音乐学习中得到全面进步，这些支持和指引为学生今后的发展奠定扎实的基础。

三、提高学生音乐鉴赏能力

核心素养中包含了高中生自身的修养水平、爱国情怀、自主发展能力、团队合作能力等，这些良好品质和能力是高中生自身整体发展与社会发展过程中，一定要具备的能力与基础条件。因此，高中音乐教师在教学过程中融入对高中生核心素养的培养，可以有效地提升高中生对音乐的认知水平，强化高中生的音乐素养，使高中生从音乐的学习过程中感受到音乐的内在魅力，并且在建立音乐学习兴趣的同时从中找到乐趣。

将核心素养渗透于高中音乐教学中，教师必须要正确地意识到核心素养培对学生音乐鉴赏能力的影响。实际生活中，学生的音乐鉴赏能力包括两方面的内容，第一，利用赏识音乐中隐藏的艺术美感来鉴赏音乐；其二，利用赏识音乐作品来帮助有关的艺术形式的创作。通常情况下，在音乐方面有着极强鉴赏能力的学生在舞蹈方面也有天赋，可以跟着歌的演唱来翩翩起舞，利用跳舞来表达音乐作品中的情感体验和节奏等。

四、提升学生的品位与价值追求

音乐世界是多姿多彩的，能够理解音乐的人内心世界经常都是丰富多彩的。将核心素养贯彻到高中音乐教学中，不仅可以改善学生对事物的价值探索，还能提升学生的个人品质。

五、培养学生的合作精神和团队意识

在高中音乐的教学过程中，会经常举办一些合唱、合奏等音乐交流活动。这

些音乐交流活动需要学生合作进行，一起进行对音乐作品的演唱，这就需要让学生认识到集体的力量和必要性，从而培养团队协作的意识。例如，教师在音乐课上，举办了一场小型合唱的音乐活动。教师首先向学生讲述了什么是合唱，合唱的价值有哪些，合唱需要注意哪些地方，让学生知道合唱是以多人协作的形式进行的，指导学生意识到合作和团队的重要之处。之后，教师将学生分成不同的队伍，每队从经典的音乐作品中选择一段歌曲来进行合唱。在合唱的过程中，教师要进行演示，有助于学生了解歌曲的节奏和旋律，并指导学生相互合作，一起完成合唱的任务。完成之后，教师要对整个合唱进行了详细地归纳，帮助学生认识到团队协作中的成功和不足之处，将成功之处继续发扬学习，不足之处及时改正，并激励学生在今后的学习生活中持续加深团队合作的意识。利用此种教学方式，学生在合唱的过程中不仅培育了合作精神和团队意识，同时也学到了音乐知识，还掌握了演唱技巧。在合唱的中，学生要时刻记得相互合作，提升团队合作的意识，养成团队合作的素质。

六、培养学生的审美和品德修养

音乐之所以能够吸引无数人的关注并且令无数人着迷，是因为其存在着独特的风格与特点。音乐对于一个人的成长发展具有重要的意义，良好的音乐鉴赏与审美能力不仅可以提升个人气质，还可以锻炼个人艺术修养。而在高中音乐教育中实施核心素养的培养，有利于高中生艺术修养与审美鉴赏能力的提高。高中生通过多种多样的音乐类型，不仅可以丰富自身的思想情感，还以感知到音乐中特有的魅力从而有效地提升个人气质。在高中音乐教学的过程中，可以经常让学生亲自去鉴赏经典的音乐作品，采用这种方式可以帮助学生的培养审美素养。与此同时，经典的音乐作品都会有潜在的理念和价值观，可以让学生树立正确的人格道德观。

下面是一个具体例子，来解释高中音乐教学怎样让学生养成审美情操。教师在课上，挑选了一首经典民歌《茉莉花》，向学生讲述这首作品的创作背景和价值内涵。之后，教师向学生讲述了鉴赏音乐作品时所用的方法和环节，让学生认识到在进行音乐鉴赏时，需要仔细的洞察和研究。之后，教师指导学生完结对这首音乐作品的鉴赏，并且鼓励学生亲自表达这首歌曲中所包含的感情和价值。在学生完成鉴赏之后，教师向学生讲授了歌曲所传达的意义、品质，如坚持和勇敢等。与此同时，教师进一步向学生讲述歌曲中的意义在日常生活中的运用，鼓舞学生在日常生活中形成正确的品质观念。

采用此种教学方式，学生在鉴赏歌曲时，要深切地研究和思虑，最后得出属于自己的见识，进一步提升自己的审美感。最后学生还要领悟这首歌曲表达的内涵，形成正向、积极的音乐观念。

七、调节学生情绪

在高中音乐教学的过程中体现核心素养能够达到调解学生情绪的目标。经过证实，在治疗心理疾病过程中，利用音乐疗法能够取得特别显著的治疗结果，所以音乐在调节人类情绪这方面起到了积极的作用。在高中音乐教学中体现核心素养，可以在向学生输送音乐理论知识时，也让学生对音乐的内涵有了更深入的感受，并且能够利用音乐理论知识来解答一些现实的事情。利用音乐来调节情绪就是运用音乐知识最常见的一种方式。学生利用音乐调节情绪，能够获得一种积极乐观的学习态度，帮助学生在音乐学习方面得到发展。

八、培养学生的创新能力

培养学生的认知能力，有利于学生的可持续发展，同时也是提升创作能力的关键。创新创造能力能够激励学生的创作，它还是学生学习音乐的一种灵感。以文艺复兴为例，艺术不仅能够表达强大的综合知识力量，还能带领社会向前进步的思潮。在音乐和核心素养两方面，知识力量将两者关联起来，不论是平常的演唱旋律，还是经典的音乐作品，都是采用音乐知识创作出来的作品。在高中音乐教学的过程中，将知识体系和音乐创作这方面联系起来教学，且将它们作为一门音乐思想联系科目课程，能够冲破以往教学形式的束缚，继续提升创作能力。

第三节　高中音乐教学中渗透核心素养的策略

高中音乐是一门重要的课程，旨在培养学生的音乐能力和素养。因此，音乐教师应该积极探索和研究，如何在音乐教学中培养学生成为音乐方面的核心人才。为了培养学生的音乐核心素养，高中音乐教师需要采用一些策略来激发学生的创新和实践能力，让核心素养贯穿于学生的音乐学习过程中。

一、更新教学理念

高中音乐教师如果想要在教学中结合对核心素养的培育，最初就要改善自己的教学观念、模式。音乐教师需要明确自己的教学目标、内容，然后依据自己对教学目标的了解，详细地对高中音乐所用的课本进行阐释，之后设计一个完整的教学计划，课堂的要以学生为主。为了充分让高中生理解音乐的重难点，音乐教师一定要对自己的教学目标有清晰的认识，这样才不会因为烦琐的教学形式去忽略学习的重点，才能够更好地专注研究自己的教学内容，以此来提升教学品质。所以，高中音乐教师在准备课堂教案时，就要与其他的学科的核心素养相联系，采用最新的相关教学方案，进行对音乐学的最新探究，需要与学生深入交流。音乐教师在交流沟通时要有耐心，要了解每一位高中生对音乐的独特理解，以及他们对音乐作品的喜欢程度，再联系自己的教学目标、内容以及自己对音乐课本含义的领悟，进一步改进自己的音乐教学规划。

比如，音乐教师在进行"少数民族民歌"的音乐教学时，就要将高中生分成不同的队伍，引领高中生相互交流讨论，指导他们对音乐歌曲进行评价，且培养他们自主学习的习惯；将课本完全托付给学生，指引他们就曲目的风格、创作背景以及作品所包含的情感等内容展开激烈的讨论。这样才可以保障高中生在音乐课堂上既能获取见识，又保证他们能够在课堂上获得学习音乐的乐趣。这种教学模式才是真正为学生量身定制的。只有将高中生放在音乐课堂上第一位，让学生能够与教师积极互动，学生才愿意去学习音乐知识。

二、鼓励学生积极参与到音乐课堂中

在高中时期的学生对新鲜的事物都充满了好奇心，许多高中学生都很喜爱当下流行的歌曲音乐，对高中音乐教材中的民间音乐缺少学习的兴致。同时，还有大多数高中生不需要去参加艺术考试，只是将音乐课堂作为调节放松的场所，所以不能专注于学习音乐知识。因此，高中音乐教师一定要记得课堂是学生自己的课堂，要以学生为主体，了解学生对于应试考试的疲倦心理，时刻关注学生的心理变化，不断地根据学生的情况去改变教学的步伐，采用一些新型的教学手段，将音乐教材内容极具趣味性又浅显易懂地传授给学生们，来减少学生学习音乐的重难点。

比如，在讲述"人文情致"这一内容时，应依据单元教学目标和课时教学目标创建问题情境，在明确教学内容的重点和难点后，再在展开教学环节。第一，创设一个比较现实的情境，用来解答本单元的重难点，激发学生的学习积极性、求知欲；第二，"人文情致"单元的教学重点内容是让学生熟练掌握最典型的古代琴曲等知识，充分体会中国古代音乐潜在的人文观念；第三，经过对本单元的学习了解，在古代琴曲和琴歌方面，让学生可以有自己艺术审美体验和审美理念，了解背后所包含的历史知识以及有关的其他文化，这就叫作文化理解。教师可以重点营建课堂环境的气氛，比如利用多媒体等技术设备投影出古画《听琴图》，再选择本单元的一首古琴曲与其搭配，还可以利用琴桌、香炉等来使环境相对真实。这样可以显示本单元需要讲授的主要内容，另外还能鼓励学生对课题的积极学习，以进一步研究单元所包含的问题。

三、以学生为中心优化课程内容

在高中音乐教学过程中，要求教师需要进一步改进音乐学科内容及教学形式，来让学生对音乐的学习有新的领悟和体会，从而加速学生认真学习音乐的驱动力，让学生的个人素质和身心素养都得到较快的进步。教师展开教学设计时，要将重点放在学生身上。教师需要详细了解当前的教学状况，以及对教学模式进行深切的了解，从而进一步改进教学措施。在日常教学过程中，还要不断地加深学生对重、难点的理解，从学生的方向出发，让学生在现实演唱中拥有辨别、探索音乐的能力。只有连续地激励学生的学习乐趣，学生在学习音乐过程才可以自主地去学习。同时教师也要专注高中生对学过的知识进行吸收和消化，锻炼高中生的在音乐方面的思考能力，使学生依据不同的情节对音乐知识进行选择性的获取和体会，这样学生的审美感悟和综合素质都会有一个质的飞跃。

四、丰富教学方法

开设音乐鉴赏课需要激发学生的求知欲，并且挖掘学生的主导性，使学生在课堂上充分认识音乐，并强化学生审美感悟能力，了解、体会音乐听觉特性、表现形式等内容，进而熟悉音乐的基本知识，熟练掌握音乐的演奏技能。因此，教师在进行音乐教学活动时，要探索不同教学方法，发掘学生探究意识和团队合作的能力，以此来强化对音乐欣赏体会的能力，进一步在音乐鉴赏课中发扬和继承优秀的文化，让自己的情感世界得到进一步的熏陶，为健全人格的形成和人文精神的培养打下坚实的基础。

比如，对"腔调情韵——多彩的民歌"这一内容的学习，可以在日常教学的过程中，采用创建真实问题情景的教学模式，这有助于学生思维模式的显性化发展，进一步增强教学效果。可以参照如下环节来显示学生的思维外显的发展：第一步，仔细倾听多个地方的民歌，教师和学生按照民歌形式、流行地方来总结它们类型特征；第二步，教师依据教学总目标提出需要解答的单元问题，比如各地区为什么形成了具有地域风格的民歌？学生利用鉴赏、小组间交流沟通等形式，积极寻找求各地区民歌特征形成的原因，并进一步探究其中的深意，明确并显示研究探索的思想过程；第三步，学生在寻找问题答案的过程中，偶尔会出现考虑上的误差，这时就需要教师和小组成员对其提出疑问，帮助学生及时改正误差，且进一步寻找并探索出现误差的原因是什么；第四步，应该给那些回答错误的小组或个人一个机会来解释出现误差或错误的理由，接着教师和小组成员应该提供支持和明确的指导来帮助他们；第五步，教师指导学生以一定的方式去探究中国各地汉族民歌的特征和造成具有明显地域风格的原因，深入了解民歌所表达的人文知识，并用文字概括和语言表达加以叙述。

五、开展自主探究

培养自我研究的意识是课程标准设计的教学目的之一，同时也是高中学生必不可少的技能。作为音乐教师，要让学生在课堂上自主研究探索音乐作品，感受不同地域、民族、时代的音乐文化创造，并了解音乐作品在题材、形式和风格上的不同。通过这样的教学活动，学生能够了解到中国民族音乐文化的多样的内容，增强文化自信心。在音乐欣赏课上，学生也能够学习和体验文化艺术，培育自身的文化理解的核心素养。

比如，在学习"少数民族民歌"这一内容时，在讲授了蒙古族《辽阔的草原》这一歌曲之后，再让学生进一步学习藏族的《坐着火车去拉萨》，并学会弹奏钢琴带领学生唱《宗巴朗松》，并示范藏族舞蹈锅庄的动作，让学生成为音乐文化的观察者和体验者，在感受各民族音乐文化创作的同时，深入理解少数民族的文化特点，提高跨文化交流的能力。另一个例子是，为了让学生更好地理解"汉族民歌"，笔者会鼓励他们比较山歌、小调和劳动号子之间的文化差异，以此加强学生对音乐与文化相互融合的认识。通过这种探究，学生能够掌握各种不同的音乐表现方式，同时提高对文化差异的理解。总的来说，开展自主探究活动可以有助于学生更好地理解文化，增强他们的文化意识，为树立正确的价值观和人生观打下了基础。

例如，在讲述"鼓乐铿锵"这一内容之前，与学生一同利用网络和书籍深入探究中国传统鼓乐文化的历史演变，并致力于打造一个富有探究性的、专注于民间鼓乐的课堂氛围。在课堂上，学生通过聆听、研究和分析中国传统鼓乐作品《锦鸡出山》和《滚核桃》，归纳了打溜子和绛州鼓乐的表现形式及其独特的风格和艺术表现特征。此外，他们还深入了解了这些作品背后悠久的鼓乐历史和文化。然后，学生根据对中国传统鼓乐（打溜子、绛州鼓乐）的演奏方式和表现形式等问题进行的探究，在研究成果的基础上，展示了艺术成果。学生可以根据教师提供的主题或在课堂上已有的打击乐器的基础上自行构思，然后利用鼓、锣、钹等中国传统打击乐器进行小组编排。或者通过分工合作，每个小组创作和设计一组小型鼓乐演奏，然后轮流在全班同学前展示和表演。在这个过程中，教师需要为学生提供启迪和指引,并在展示后给予恰当、积极的评价,以形成一个集学习内容、学习活动和学习评价于一体的、探究性质的学习环境。

六、丰富教学资源

艺术表现是指通过唱歌、演奏、综合艺术表演以及音乐创作等手段,展现音乐艺术的美感和情感体验,并具备实践创作能力。教师在进行音乐鉴赏课时需要使用各种不同形式的资源,以确保学生在学习基础知识的同时能够感受到音乐的魅力,领悟其规律,增强情感丰富性和创造力,激发自信和成就感。同时,教师还需要将课程融入特定的艺术表现情境中,让学生得到全面的艺术熏陶。教师应该学会信息技术,熟练运用它来引入教学资源,优化教学活动。这样可以为学生打开视野,利用教学资源培养艺术表现。

高中音乐教学需要重视音乐器材的作用。不同乐器的音色、表达方式和适用范围各不相同。为此,教师需要根据歌曲特征,选择合适的乐器进行教学。在课前应及时复习乐谱,并利用现场演奏乐器的方式,激发学生的学习兴趣,增强直观的体验和理解能力。同时,音乐教师还应采取适当的方法提高学生的听觉能力,以使他们能够准确分辨歌曲中使用的乐器,并能够准确地辨认出歌曲名称。除此之外,高中音乐教师还应利用多媒体技术来辅助教学,并收集乐谱、音符等基本乐理知识,以丰富高中音乐教学内容,从而提升学生的综合素质。

举例来说,在讲授"贝多芬"这一内容时,老师可以利用多媒体技术播放有关贝多芬生平的视频,以此引导学生更好地了解贝多芬的人生经历。接着,可以使用信息技术让学生聆听音乐片段《欢乐颂》,以此来帮助他们欣赏演奏乐器的不同之处,感知音乐所传递的情感、节奏快慢和音量大小等方面。通过多种教学资源来分析和深入探索音乐的艺术表现,这将有助于培养学生核心音乐素养。例如,在上"流行精粹"课时,可以播放当下音乐会上演奏的歌曲以及歌唱家的表演视频,帮助学生深入了解当下流行歌曲的风格特点和音乐元素,从而更好地体验艺术表现,为未来的创作事业做好充足准备。当教师要讲解某一个知识点的重点和难点时,可以在教学平台上查找相关的教学资源并通过微课进行讲解。这样,学生可以通过微课的帮助,提高自己的学习能力。综上所述,教学资源的运用使得音乐鉴赏变得更加易于理解，能够帮助学生更好地掌握音乐的艺术表现。

七、多开展音乐教学实践

为了激发高中生对音乐课堂的热情，音乐老师需要采用多种主题和形式的实践活动，这样不仅可以增加音乐课堂的多样性，还能够帮助学生锻炼实践技能。在学习音乐的过程中，音乐实践是非常重要的，它可以帮助学生树立良好的音乐学习素质和个人学习观念。教师应在音乐课堂中重点培养学生对于音乐的感知能力，指导学生在音乐学习和表演中通过实际练习来提高他们的学习素养和综合能力。教师在实践活动中应重点关注教学目标，即用音乐教学来学习、体验音乐，并培养高中学生的探究意识。考虑到高中生必须应对高考的要求，他们承担着沉重的心理压力和负担。因此，高中音乐教师应该注重实践教学，开展趣味性的课程和活动，以更好地适应学生的需求和创造良好的学习氛围，使学生在实践中感到快乐并获得成长。老师也可以通过举办一系列活动来提升学生的团队协作和实践探究能力，如组建班级乐队或者校级合唱团等。这些活动可以帮助学生更好地理解和深入学习音乐，同时加强其美感和音乐学习素质。

在音乐教学中，教师需要为高中生留出时间来自由表达和展示自我。根据高中生的音乐技能和学习状况，制定各种实践活动，激发高中生的表演欲，促进音乐思维和表现素养的提高。因此，音乐教师需具备开展多项音乐活动的能力，以针对当堂课的教学目标和学生状况作出适当安排。

在教材中，有一些单元以音乐和影视为教学核心。在这些单元中，音乐老师可以组织高中生观看相关电影片段，注重让学生在表演中扮演角色，并体验剧中音乐所传达的情感和效果，以此来帮助学生更加深入地理解音乐的运用方式。此外，我们还可以选取教材中的曲目，保持曲目主旋律和结构不变的基础上，引导高中生进行音符的增减和改编等创作尝试。

八、鼓励学生多鉴赏音乐作品

尽管高中生在高中和初中学习中已经掌握了音乐知识的基础，但他们对音乐的审美和欣赏能力还需要进一步提高。因此，教师应该积极地引导高中生学会对优秀的音乐作品进行评价和理解，并通过这种方式培养他们的音乐鉴赏能力和素养。教师需要将高中生对流行音乐喜好和教材中的曲目相结合，寻找它们之间的共同点，选择各种不同风格的音乐作品，这样可以引导高中生主动研究艺术价值和人文价值，从而提高他们的音乐素养和核心素养。

例如，在音乐课堂上，教师应该采用多种教学方式，让学生积极参与，提升他们的音乐素养和鉴赏能力。高中学生正值青春年华、精力充沛的时期，音乐老师可以引导学生到艺术馆、音乐厅、歌剧院等地方聆听优秀的音乐作品，从而增进学生的音乐素养。当我们回到教科书中时，教师可以采用科学引导法，例如讲解莫扎特和贝多芬优秀作品的音乐背景，人文精神和音乐文化等相关内容。在播放音乐时，可以创造温馨的课堂氛围，让学生深入参与并亲身体验音乐的魅力，而不仅仅是单调的传授乐理知识。这种教学策略可以有效地提高高中生的音乐素养和鉴赏能力，不论是在学校内还是学校外，都可以展开音乐知识的拓展，以此来提升他们的音乐素养。

九、完善教学评价

教师需要根据课程标准所设立的教学目标，对学生在课堂上的表现进行评价。这种评价可以帮助学生发现并改进自己的不足之处，并在教师的指导下不断提升自身的技能和素质，兼顾音乐技能和核心素养的培育，实现德育与才育并举的教育目标，最终提高综合素质，体现音乐教学的价值。

举个例子，当学生学完"峥嵘岁月"这一课时，可以通过以下几个角度来进行评估。首先，学生是否能够从《忆秦娥·娄山关》和《山丹丹开花红艳艳》的学习中激发出爱国情怀，并建立正确的价值观。其次，学生是否能够领会音乐作品所传递的情感、思想以及形式意义，并从中获得内在体验和感受，体验音乐所蕴含的吸引力。最后，学生是否可以透过聆听与欣赏音乐，真正理解音乐所承载的艺术价值和社会价值，同时在音乐中培养爱国精神，传承红色文化。综上所述，通过进行教学评估，学生得以领悟音乐教育中注重培养品德的教学任务，并使得课堂能够充分发挥其育人价值。

十、提升教师的专业素质

要成为一名合格的高中音乐教师，必须具备基本的音乐素养，能够明确辨别不同的音乐派别和各种拉弦乐器在不同民族音乐中的特色，从而有效地帮助学生掌握基本的音乐理论知识。因此，定期考核高中音乐教师的教学水平以及通过公开课等形式检验教学质量，是提高高中音乐课程的教育质量的有效办法。同时，高中音乐教师也应该着重培养学生的美德和优秀品质，如利用民间歌曲来展示祖国的壮丽与繁华，激发学生的爱国之情。

教师可以通过以下方式提高自己的综合素质：

首先，教师需要先着重提高自身的音乐素养。要想更好地教授音乐课程并为学生提供优质的教育，教师需要具备一定的音乐背景和知识。因此，教师需要不断提升自己的音乐水准，包括音乐理论、乐器演奏等方面的知识，并熟知各种音乐类型和派别。

其次，增强道德修养。教师的良好道德品质是帮助学生发展的必要条件。因此，教师需要加强自身的道德修养，包括遵守职业道德、遵照师德规范和要求，以及坚持德育理念并进行实践。

最后，增强专业教学技能。为了不断提升专业水平，教师应积极参与各种培训和学习机会，持续更新自己的教学设计、教学方法和技巧等专业知识。提高音乐教学能力不仅涉及增强德育意识和知识储备，还要掌握植根于德育理念和渗透于教学方法中的专业技能。教师可以通过全方位的素质提升，更好地融入道德教育，从而更好地引领和教育学生，确保高中音乐教学的有效实施。如此一来，学生才可以在音乐教育中获得更为全面的发展和进步。

第六章 高中音乐教学实践探究

高中音乐教学是高中教育活动的重要组成部分，是实施美育的基本途径。高中的音乐教学实践是一个积极探索和创新的过程，通过不断尝试和改进教学方法和手段，可以提高学生的学习兴趣和效果，培养他们的综合能力和素养。同时，高中音乐教育也需要教师具备丰富的音乐知识和教学经验，以及灵活的教学策略和方法，来指导学生进行有效的实践和学习。本章主要介绍高中音乐教学实践探究，分布介绍了高中音乐教学方法选择、高中音乐教学模块与教学设计、高中音乐教学方法创新三个方面的内容。

第一节 高中音乐教学方法选择

高中音乐教学方法的选择有着自身的要求和遵循的原则，在选择时要依据音乐课程教材、教学过程、教学环境、教师教学能力、学生学习能力等要素来进行。尤其需要注意的是，高中音乐教学方法与小学和初中音乐教学方法相比，更注重学生的学习接受能力。

一、高中音乐教学方法的选择要求

教学方法作为基本概念存在于各种学科教育中，很多关于教育学和教学论著作中对教学方法的选择要求归纳出许多的使用原则，如教学方法的面向全体、因材施教、直观性、启发诱导等原则。任何学科的教学法实施都必须依照这些根本性原则，音乐教学方法同样如此。音乐教学法原则也是音乐教学法理论中的基本概念，是我们在实施音乐教学中组织、计划、评价及构建音乐教学方法所必须遵循的基本原理。它是我们在实施音乐教学过程中采取音乐教学方法的基础，具有科学的思想指导，决定着老师在音乐教学中采用什么样的教学方式及学生的学习方式。

二、高中音乐教学方法的选择

(一) 熟悉以高中音乐教材为中心的各教学要素

从教师的角度来看这个问题，在选择高中音乐教学方法之前，教师必须熟悉教学任务及相关的要素，要将教材内容具体化，这是教学方法选择的立足点。我们通常认为教学任务是通过实施教学内容来落实的，因而，在选择音乐教学方法时必须要考虑音乐教材的特点和相关要素，知道这些要素在教学过程中的地位。表 6-1-1 所示，为音乐教学过程基本要素。

表 6-1-1　音乐教学过程基本要素

教学目的和任务	教材内容	教师可能性	学生学习可能性	外部条件
学科思想 教学理论 教学大纲 技能要求 技巧要求	课程题材 课程背景 课程特点 课程知识点	教师理论 教师作风 教师专业能力 教师经验	学生心理 年龄特征 学习准备 身体发展 智力发展	社会环境 校园环境 网络设施 活动场所 设备乐器

从表 6-1-1 中所列举的各种要素看，每一个要素都有其一定的地位，起着一定的作用，因此，我们在选择音乐教学方法时，必须要熟悉以高中音乐教材为中心的各教学要素。也就是说，音乐教学方法的选择必须遵循这些要素。同时，还要熟悉高中音乐教材难易程度。高中音乐教材有别于小学和初中音乐教材，小学音乐教材相对简单，初中音乐教材难度有所提升，高中音乐教材难度加大，这个时期的教材主要以音乐鉴赏为主，故高中音乐教学方法的选择要符合这一特点。

(二) 研究和掌握学生学习需求

从学生的角度来看这个问题，在选择高中音乐教学方法之前，教师必须研究和了解高中生年龄和行为特点。他们从小学到初中的 9 年时间里，在学习知识、技能掌握、事物判断、社会实践都有了一定的发展，具有了基本的教育修养，对一些问题也有了主观上的判断能力。在进入高中学习阶段后，这种主观上的意识形成就更加强烈，在对问题的判断上，也掌握了各学科的实际操作技巧和能力，包括音乐学科，形成了自己作结论和概括的习惯。高中学生这一特点，直接影响着音乐教学方法的选择。因此，音乐教学方法的选择必须要把学生的年龄和行为特点考虑进去。音乐教师必须预先研究学生的学习态度、探究能力、耐性能力、组织能力、独立活动能力、实际操作能力、驾驭能力等，只有这样音乐教学方法的选择才不会与高中音乐教学脱节，才能达到音乐教学的最终目的。

（三）分析和利用高中音乐教学外部条件

高中音乐教学外部学科分为软条件和硬条件。软条件是一种精神环境，硬条件是一种物质环境。软条件主要是指音乐教学中具有影响学生思想和行为的文化意识、学习意识、学习氛围、知识理论、学科技能等。硬件条件是指音乐教学中具有服务和保障作用的教学场所、音乐器械、音响设备、网络媒体等基础设备和设施。我们在选择高中音乐教学方法要充分考虑这一外部条件，主要把握好以下几点。

1. 把握好动态的高中音乐教学软环境

我们说高中学习阶段学生的思想意识是一个蜕变的过程，同时呈现出不稳定的特征，易受到环境影响，所以及时了解和准确把握非常重要。对此要注意开展好两个方面的工作。第一方面，面向高中生群体，了解和掌握高中生动态的软条件情况，即学生文化意识的程度如何，学习意识的强弱如何，学习氛围的浓淡如何，知识和理论深浅如何，学科技能和技巧掌握如何。第二方面，了解的角度和层面要广泛。从了解教学软环境的层面上讲，可以分年级为单位了解，还可以分班级为单位了解。因为，在实际的教学中确实存在着认同上的差异性，这一点我们必须清楚。这也是今后在选择音乐教学方法时实施差异教学法的基础。从了解教学软环境的角度上讲，可以分为学生学习成绩不同等次的顺序进行了解，还可分为学生对音乐学科不同学习兴趣的顺序进行了解。这种学习的氛围影响着音乐教学方法的选择，关系到音乐教学效果。

2.把握好良好的高中音乐教学硬环境

随着社会物质文明的不断发展,教学硬件设施也逐步得到了改善,特别是活动场所的改善和多媒体互联网出现,为高中音乐教学带来了前所未有的机遇,得到了广大学生的喜爱。而这些硬件设施的出现还赋予音乐教学特殊的使命,如多媒体的音乐作品声音效果、音乐作品的视觉效果、音乐作品的视频编辑效果、学生与影视音效的配合效果等,这都为音乐教学起到了重要的作用。

3.把握好软环境和硬环境的对位

这主要是强调在选择高中音乐教学法时,要注意处理好软环境和硬环境的关系,切勿顾此失彼。不能一味强调软环境重要或是强调硬环境重要,更不能在教学中出现只重视软环境,忽视硬环境,或者只重视硬环境,忽视软环境的情况,两者是共处一体,只是两者占用比例多少而已。比如一节课的内容是音乐作品鉴赏,教师依据学生的学习采取口述的音乐教学方法,从一节课的开始就讲解,到课堂结束时还是讲解,这容易引起学生的厌烦情绪,想必这样的教学效果不会好。还有教师为了教学生动,活跃课堂气氛,从一节课的开始就播放影视资料,到课堂结束时还是播放影视资料,这样容易引起学生的视觉疲劳,这样的教学效果也不会太好。我们强调合理运用软硬条件,兼容两个方面的情况,这才是我们高中音乐教学方法选择的选项。

(四)设定音乐教学方法

在我们分析了以上高中音乐教学方法选择要素后,接下来将进入高中音乐教学方法设定分析。首先强调的是高中音乐教学方法的设定是建立在综合把握音乐教学过程中各要素的基础上进行的,因此,采取何种音乐教学方法必须围绕音乐教学目的和教师、学生、环境等因素来设定。同时音乐教学方法的设定还需要实际教学来验证。下面以音乐鉴赏课《祖国颂》为例,分析其教学方法的设定,作为参考。

根据《祖国颂》课程的教学目的,结合选材特点,在教学过程的设计上,以下五点建议可供任课教师参考。

(1)本单元为高中学生的起始课,建议安排一个课时。本课的开始可以进行 5 分钟至 8 分钟的热身活动，让学生对老师有一个初步印象。然后进行欣赏活动。作品可以作为精听曲目可先分段赏析，而后再综合地欣赏（复听）。

（2）引导学生带着期待来欣赏与感受。教师可以在正式的教学内容之前，首先介绍作词家乔羽和作曲家刘炽的过往经历，以及《祖国颂》的创作背景，从而引导学生专注地去听赏和感受音乐。

（3）在展开联想与想象的基础上，引导学生探究。如引导学生谈聆听《祖国颂》的两种演唱形式，并让学生交流两种演唱形式所带来的不同感受。最后则自然归结到"音乐能告诉我们什么""怎样欣赏音乐"的主题上，从而使教学过程完全沉浸于与音乐的对话之中。

（4）通过讨论交流与师生互动，达到感性认识的升华。上述探究课题，是在聆听与感受音乐的过程中生发出来的。教师参与其中，认真听取同学们的发言，并可陈述自己对音乐的感受，但不要将自己的感受强加给所有的学生，而应引导学生在讨论中潜心感悟和自我总结，促进学生感性认识得以升华。

（5）将对音乐的听觉感知贯穿于审美体验的全过程。对音乐作品的听觉感知是理性认识的基础，设计问题、引导学生讨论交流的前提是学生对音乐作品完整而充分地聆听。面对这样的作品，宜抓住作品中突出的音乐要素，引领听觉感知。

现在我们套用音乐教学方法选择要素来进行分析，如表 6-1-2 所示，为《祖国颂》教学方法设计。

表 6-1-2 《祖国颂》教学方法设计

教学方法要素	要素内容	要素分析	可选方法
教学目的和任务	学科思想 教学理论 教学大纲 技能要求 技巧要求	享受作品、增进兴趣爱好，概括艺术具象性语义性，掌握音乐表现要素作用。	启发法 引导法
教材内容	课程题材 课程背景 课程特点 课程知识点	欣赏作品，探讨"音乐能告诉我们什么"，理解音乐的艺术特征和呈现方式，对标题音乐的认识。	探究法

（续表）

教学方法要素	要素内容	要素分析	可选方法
教师可能性	教师理论 教师作风 教师能力 教师经验	热身活动，以音乐教学活动为主线，以"音乐能告诉我们什么"为导语，与学生沟通，让学生对教师有一个初步印象。有自身具备的识谱、提问、画图、叙述能力。	互动法 交流法
学生学习可能性	学生心理 年龄特征 学习准备 身体发展 智力发展	通过体验作品表达的情感，激发学生对生活的热爱和美好的向往。	探究法 概括法 体验法
外部条件	社会环境 校园环境 网络设施 活动场所 设备乐器	配合音响设备，《祖国颂》能激起学生的爱国情怀以及民族自豪感，感悟信仰的力量。	利用法 感知法

从上表中可以看出，《祖国颂》这节课的教学设计建议符合选择音乐教学方法要素，可以说此教学方法的选择在教学过程中的各个阶段得到了充分体现，具体分析如下。

第一，体现教学目的和任务要素的教学方法选择。教材以"音乐能告诉我们什么"为任务，以感受与认识为目标，在选择教学方法时，教材首先考虑了学生们刚开始学习时的接受能力，在用陈述理论性音乐知识开讲还是用欣赏音乐作品开讲的方式上，选择由近及远的做法，先用高中学生更容易接受的开讲方式进行授课，教师再采用启发、引导方式提出相关问题呈现给学生，即教师选择的是启发法和引导法的音乐教学方法。

第二，体现教材内容要素的教学方法选择。所列举教材是从钢琴音色入手，力求从学生的听觉上吸引学生的审美期待。作品由3个部分组成，段落清晰分明，特别能引起学生对《祖国颂》的兴趣，帮助学生领略时代风貌和建设成就。教材抓住这点，可以设计出一些可感而未知的问题，引导学生去探究。故教师可选择探究法的音乐教学方法。

第三，体现教师可能性要素的教学方法选择。我们说教师是教学工作的组织者，也是教学工作的参与者，教师的教学能力是保证教学效果的一个重要方面，基于这方面的要求，提出音乐教学方法选择教师可能性的要求。从所举例中我们看出，教师的可能性体现在与学生的热身活动中，教师以音乐教学活动为主线，以"音乐能告诉我们什么"为导语，让学生对教师有一个初步印象，与学生沟通。教师要认真听取学生的发言，陈述自己对音乐的感受，引导学生在讨论中潜心感悟和自我总结，帮助学生提升审美能力。教师自身具备的识谱、提问、画图、叙述能力也提供了教学的可能性。因此，可选互动法、交流法的音乐教学方法。

第四，体现学生可能性要素的教学方法选择。此课例中，具备与高中学生的距离感，作品创作年份与现今相差较远，能引起高中生自主学习的好奇心和新鲜感。特别是高中生喜欢聆听故事，并带有遐想的音乐作品。此课就具有这一特点。由于喜好和感兴趣，也增强了学生的话语权。学生通过音乐的听赏和学习，可获得精神上的享受，通过生活的体验，获得知识和审美意识的概括总结。故而此课的音乐教学方法可选择探究法、概括法、体验法。

第五，体现外部条件要素的教学方法选择。虽然课例当中没有明确提出这点，但作为选择音乐教学方法的要素确是存在每一节课当中，应该说没有哪节课可以游离于外部条件之外。针对这一问题，每一位教师都会利用这一条件，辅助教学。此课例虽然没有明确提到，不等于没考虑。我们可以假设一下，《祖国颂》能否引起学生的关注。我们会说是可以的，因为作品属于标题音乐，往往从标题上就可以让人浮想联翩，一探究竟。而要使作品更生动地呈现给学生，利用多媒体和教学设备作辅助是必然的。故音乐教学方法可选择展示法、感知法。

以上就是我们对课例《祖国颂》教学方法的选择所作的分析。值得强调的是，音乐教学方法的选择还需在教学中得到检验，即实施教学评价，这样才能保证音乐教学效果的最大化。

三、高中音乐教学方法选择中存在的问题及解决办法

在高中音乐教学方法选择中，我们对基本的要素进行了研究分析，讲明了各自的要求和作用，对这些要求和作用，教师在实际教学中也都认识到了这些问题，在掌握了一些音乐教学方法要素后，选择了不同的音乐教学方法开展教学。

（一）高中音乐教学方法综合性选择

1. 高中音乐教学方法综合性选择问题

在一节音乐作品鉴赏课结束后，教师提问："你们觉得这节音乐作品鉴赏课怎么样？"许多学生的回答是："这节课没明白重点是什么""这个音乐作品很好听""学习这个音乐作品有什么用"。很显然，学生这样的回答是不能让人满意的。对此，我们乐见的学生回答应该是："这节课的音乐作品给予人心灵上的震撼""这节课使我懂得了音乐作品所表达的是人类极其丰富的思想感情""欣赏音乐作品可以使人振奋精神""欣赏音乐作品使我感受到音乐带给人精神上的享受"。应该说这样的回答，是我们音乐教学任务和教学目标所期盼的。那么，为什么学生会出现前面让我们不满意的回答呢？主要的原因是：许多音乐教师偏重于用课堂口述和音乐作品展示方法开展教学，往往专注于音乐技能和技巧，而且基本上采用这些不变的方法进行多个音乐章节的教学，很少通过学生参与互动、亲身体验活动的方法来激发学生的学习积极性。结果是学生在音乐知识的学习和个人思想品德的修养上没得到有效的熏陶，只是机械地学习音乐技能和技巧，没有形成自我学习兴趣，也没有提高音乐审美能力。这样的教学效果自然是不理想的。

2. 高中音乐教学方法综合性选择的解决办法

我们从高中音乐教学方法的选择要素来分析和判断，上面讲到的音乐课堂教学，在熟悉音乐教材特点和高中生年龄特点上，没有达到高中音乐教学方法选择的要求。我们说高中音乐教材处于学生初级教育阶段教材的最顶端，它注重的是音乐作品鉴赏中的艺术性，不是像做数学题那样要求标准答案，更多的是意识上的要求，需要通过思维活动、启发活动及探究活动来培养。

而针对高中生年龄特征，如求知欲望浓厚、独立思考能力旺盛、竞争意识强烈等特点，需要高中生通过亲身参与教学、体验活动及自我表现来实现。如高中音乐作品鉴赏课的教学，教师在选择音乐教学方法时，必须要对所授课的条件进行具体分析（这一点许多教师做得不够好）。教师应该将授课所具备的条件与课的目的、任务及教学形式相对照，通过获知的信息，经深思熟虑后，作出有根据的分析。需要指出的是，音乐教师必须完整地把握音乐教学方法综合性的要求，即音乐教学原则、音乐教学目的、音乐教学任务、音乐教学可能性、音乐教学内容、音乐教学条件。教师可根据音乐教学过程中各要素设定不同的教学方法。就高中音乐鉴赏课的教学方法设定而言,可选择讲解法、启发法、情境法、表现法、借助法等。如表6-1-3所示,为高中音乐鉴赏课教学方法选择措施。

表6-1-3 高中音乐鉴赏课教学方法选择措施

音乐教学要素	可选择的教学方法	选择教学方法的原因	具体教学措施	可克服的问题
音乐教学原则、目的、任务	口述法 直观法	依据教学原则要求、课堂教学任务特点	(1)在音乐教师指导下进行学习活动 (2)实施图示教学 (3)进行课堂学习交流	克服教学形式的片面
音乐教学可能性	探索法 归纳法 演绎法 操作法	依据学生的探究活动独立操作、学习态度和自我发展程度	(1)依据音乐教师综合能力,选择恰当的教学方法 (2)研究学生学习接受能力,保持学生的学习积极性和兴趣	克服教学方法选择上的随意性
音乐教学内容	实际操作法 表现法 演绎法 体验法 探究法 情境创设法	依据音乐教材各阶段教学内容的特点	(1)激发学生的学习兴趣 (2)活跃课堂气氛 (3)培养学生的思维及独立思考精神	克服音乐教学方法的单一性
音乐教学条件	实际操作法	依据音乐教学方法选择要求	利用教学设备辅助教学,使音乐教学效果最大化	克服音乐教学单性

上表表述的是音乐教学方法选择上存在的问题及解决措施。需要强调的是,音乐教学方法的选择必须要综合运用。在没有考虑所有选择音乐教学方法要素的情况下,选择音乐教学方法必然是不完整的,它将影响到整套音乐教学方法运行,达不到预期的效果。

(二)高中音乐教学方法优选

1.高中音乐教学方法优选问题

在对音乐教师选择音乐教学方法的调查中,一些音乐教师反映,他们是按照高中音乐教学大纲来实施教学的，也采取了不少的教学方法，但从学生反馈的情况来看，得到的却是学生的抱怨。他们说："没有理解教师的讲解""对教师提出的问题不知怎样回答""课堂内容体验不够"。对此，在进一步的调查中我们发现，很多音乐教师在进行诸如鉴赏课教学时，往往专注于固有的音乐作品曲调知识的学习、技能技巧的传授，学生的独立学习、积极参与、自我表现被音乐教师的课堂口述等代替，这样，势必会降低音乐课教学效果。这些问题的出现，其原因主要有两点：

（1）音乐教师对音乐教学方法的多样性见解有局限性

在音乐教学中音乐教师大多采用的是口述法、实际操作法（学生演唱），并在相当长的时间里一直沿用这种固定的音乐教学方法，甚至不愿改变已经习惯了的教学模式，从而造成音乐教学方法单一问题。而事实上讲，这种音乐教学方法已严重妨碍了音乐教学的发展。

（2）音乐教师对音乐教学方法优选的缺乏性

在实际教学中了解到，部分音乐教师在音乐教学方法的选择上，并不是缺乏与之相应的选择条件和基础，而是在掌握了一定的音乐教学方法的多样性后，在具体音乐教学方法的选择上没有做到教学方法的优选。

2. 高中音乐教学方法优选的解决办法

我们讲音乐教学方法选择一定要符合音乐教学各要素，其中在教师和学生的可能性要素上要与实际教学状况相对应。那么，在高中音乐教学中需要注意的是什么呢？依据高中生的特征，需要激发学生对音乐学科的兴趣，活跃学生的思维及独立思考的精神，相对应可选择具有探讨问题、创设情境内容的启发式、探究式方法。例如，可选择具有激发学生学习兴趣、增加学生记忆、实现学生自己作结论和概括愿望的表现式、体验式方法。

针对音乐教师对音乐教学方法优选的缺乏性的问题，要求教师在选择音乐教学方法时，注意运用比较效果的观点来判断使用何种音乐教学方法，哪种方法更有利于解决音乐教学问题，或者更有利于被学生接受，就应该考虑选择哪种音乐教学方法；同时，还应对选择的音乐教学方法可能性进行评估，防止选择音乐教学方法的盲目性和随意性，防止陈就刻板不变的施教。

（三）高中音乐教学法选择中教师能力的影响

1. 高中音乐教学法选择中教师能力的问题

在调查了解中我们还发现，一些音乐教师在音乐教学方法的选择上，采用的音乐教学方法不够宽泛，具有相当程度的局限性。音乐教师在音乐教学方法选择中的空间想象、灵活性方面显得办法不多，往往采用固定的一两种音乐教学方法来实施整本音乐教材。这些问题的存在，实际上反映出一些音乐教师的教学综合能力不足和面对丰富多彩的高中教学环境准备不足、研究不够。其原因主要有：

（1）教师音乐教学方法方面的知识欠缺

音乐教师关于音乐教学方法方面的知识欠缺，尤其是自我学习不足。一些音乐教师因教学时间安排紧、音乐活动多等客观原因，没有充足的时间安排自我学习，再加上自我学习意识不强，导致相关音乐知识的匮乏。特别是一些青年音乐教师，本来从事音乐教学工作时间就不长，教学经验不足，如果再不注意平常的教学学习，自然就无法胜任本职工作。

（2）音乐教师关于音乐教学方法的研究不够

客观上讲，由于音乐教学方法本身就具有发展性，除常见的音乐教学方法外，很难将音乐教学方法作数量上的规定，而大部分的时候是一个动态变化的运行模式，所以难以掌握。现有的音乐教育书籍中也缺少音乐教学方法方面的论述，也没有列举出音乐教师在实施音乐教学方法上的具体方法和实施步骤，这就造成音乐教师学习参考上的不便。

另外，从目前的研究培训机制上看，关于音乐教学方法的研究机构和培训机构极少，使音乐教师得不到及时进行参与研究和培训的机会，这也是音乐教师研究和培训不足的一个原因。

2. 高中音乐教学法选择中教师能力的解决方法

针对高中音乐教学法选择中教师能力的问题，最好的解决办法是发动自己，多想办法，利用一切可利用的时机和条件进行研究和学习。如有条件的话，可根据区片和音乐教师分布情况，建立研究和协作机制，使之长效化，如区片音乐教学方法研究小组、音乐教师教学方法实践小组等研究学习组织。有关音乐教育主管机构和音乐教研组织要尽可能地安排音乐教学方面的各类培训，让音乐教师拓展自己的工作视野，接触更多的音乐教师开展学习交流，不断增长音乐教师的专业能力。同时，教师必须要有时不我待的紧迫感，以音乐教学为己任，制订自我学习计划，在音乐教学方法的发展上、教养上及教育上把握好音乐教学方法具体任务的方向性。在个人的世界观上、培养独立精神上、提高学科兴趣上、业务学习技巧上多加强实践。

第二节 高中音乐教学模块与教学设计

一、高中音乐教学模块

（一）音乐鉴赏

音乐鉴赏课是一门以听为核心的课程。音乐是听觉艺术，无论是怎样的音乐，人们都需要通过"听"才能够感受到它的美妙和情感。"听"是一个音乐审美的过程，我们要在"听"的过程中获得美感享受；"听"还是一个精神升华的过程，要在"听"的过程中实现将感性和理性融合，这是音乐鉴赏的根本意义。所以，若想达成真正欣赏音乐的目的，我们不能仅仅通过感官欣赏音乐，而需要更深入地理解和体悟。我们需要对乐曲的音响结构和各种形式成分进行更深入的探究。只有以这种方式，才能准确地理解音乐作品的深刻内涵，真正地领会音乐的含义。为了实现这一目标，首先需要反复听一部音乐作品。多听是发展音乐鉴赏力的要素之一。我们的双耳能够帮助我们认知和改造世界，还能够给我们带来审美感受，具备强大的审美感受能力。通过反复聆听，我们可以提升对音乐的敏锐度，进而丰富音乐听觉。此外，音乐还具备显著的时间特性。构成音乐作品的音响不占据任何空间，而是以单独或组合的方式，依次呈现在时间当中，被我们的听觉器官所感受到。如果频繁地听，脑海中记忆的听觉印象就会逐渐综合起来。随着反复聆听，我们对音乐作品的感知也会日益加深，从而获得更深刻的感性体验。因此，通过增强音乐记忆力，个体对音乐的欣赏能力也会得到显著提升。

在目前的高中音乐鉴赏课中，我们引入了各式各样的音乐作品。这些作品来自不同的国家和民族，风格、流派、层次各不相同。学生在欣赏这些作品的过程中，可以逐渐提升自己的鉴赏能力；在对不同音乐作品的比较中，可以不断提升自己的音乐敏感度；还可以感受到音乐带来的审美体验。我们不能忽视音乐的在欣赏和文化价值，应当广泛吸收人类音乐文化的精华，不断丰富我们的听觉体验，拓展听觉感受领域，从而发展和完善音乐欣赏能力。学生在音乐鉴赏的过程中时，其听觉感知、情感体验、想象联想以及创造性思维等方面的心理活动会整合起来，以进行音乐审美实践活动。音乐鉴赏是一种特殊的艺术活动，可潜移默化地培养和发展学生审美能力。目前，新课程改革倡导实践出真知，强调通过实践发展学生的知识、技能和能力。因此，教师需为学生的自主实践创造机会和条件，使他们能够发挥和发展自己的想象力和创造潜力，具备品鉴和评价音乐作品的能力。

过去，社会上流行的音乐良莠不齐，存在很多缺乏内涵的、低级趣味的，乃至低俗的音乐，或者部分缺乏艺术性、过于娱乐化的音乐。这些音乐让身心尚未成熟的学生错误地将其视为"音乐艺术的时代性"。相反的，学生认为那些优美、富有艺术性的抒情歌曲过于沉闷，不愿深入了解。所以，提高学生的音乐鉴赏能力，重点就在于引导学生学会辨别真假、善恶、美丑，具备正确的价值观，掌握鉴别是非的标准。评价一部音乐作品的社会价值和艺术价值，需要学生具备分辨美与丑的能力，能够从音乐作品的主题、内容、类型、风格等方面分辨美丑。这是评价其社会和艺术价值的基础。而这一能力需要音乐鉴赏课来培养，在课程中应当在探究音乐作品的题材、内容、体裁、风格、情绪、曲式等表现手段的过程中，融入对学生审美能力的培养，将之作为发展学生综合艺术素质的关键环节，学生才能掌握相关的知识和技能，深入地了解音乐作品的内涵、形式、情感和表现上的美感，进而提升音乐鉴赏和评价能力。

（二）歌唱

歌唱作为新确立的教学模块，旨在满足爱好歌唱、希望从事专业音乐工作的这部分学生的需求。关于歌唱模块的教学目标，《普通高中音乐课程标准》（以下简称《课标》）的定位是培养、发展学生的歌唱爱好，强化其歌唱自信；开发和发展学生在表演和艺术创造方面的天赋和潜能，使他们能以歌唱的方式表达自己的情感，与人沟通，融洽感情；通过培养健康的审美观念，让学生规范自己的歌唱实践标准，获得审美愉悦，陶冶自身情感。

中小学的音乐课一度被称为"唱歌"课。至今，音乐课中仍尤为注重"唱歌"教学，强调其在音乐教学中的重要性。正如日本音乐教育家高保治先生所指出的，"歌唱是人类的本能，歌唱是人类最自然的行为之一。歌喉是人人随身携带、最方便的'乐器'，歌唱是表现人们喜怒哀乐的最恰当的手段之一。"[①] 这也是基础音乐课程中重视"唱歌"教学的原因。唱歌在中小学的音乐教育中是音乐学习内容中的一部分，而歌唱在高中音乐教育中，则成为单独开设的教学模块，两者之间存在区别，也存在联系，掌握两者的关系，能够更加准确地定位歌唱模块教学。

第一，名称上，"唱歌"和"歌唱"都以歌曲的演唱为主。但是，前者强调地更多的是演唱歌曲，而后者则涵盖了更广泛的内涵，包括歌曲学习、演唱技巧提高和歌唱艺术欣赏水平的提高等与"歌"和"唱"相关的诸多内容。

第二，教学目标上，高中的歌唱教学模块的目标更为专业，具有更加明确的指向。其主要是为了提高学生的演唱技巧，强化学生"歌唱"知识的系统掌握，进而提升学生在歌曲演唱、表现、排练、赏析等方面的综合能力。中小学的"唱歌"课程的目的在于培养学生的音乐鉴赏能力和音乐表现能力，从而提升他们的综合音乐素质。

第三，教学内容上，高中歌唱教学的内容更加专业化。中小学的唱歌课程主要学习内容为齐唱、合唱，并将之与乐器演奏等其他音乐教学领域相融合。高中歌唱模块的教学内容包含多种演唱形式，学习与实践并重。演唱与鉴赏结合，学习时间集中在一到两个学期。

第四，高中的歌唱教学注重学生的主动学习。中小学的唱歌课程中，通常是全体学生在老师的指导下学习。高中的歌唱教学模块属于选修课，针对的是部分爱好"唱歌"或具备一定基础的学生，教学方式上更加注重发挥学生的主动性，注重互动教学和自主学习，能够充分发挥学生能动性，提高学生的综合素质和表现能力。

---

① 牟方莲. 浅谈在小学低段歌曲教学中识读歌词的好处 [J]. 新课程（上），2015（12）：279.

任何教学活动都是从教学目标出发，并将其作为落脚点。整个教学过程的中心是特定的教学目标，而所有的教学方法和手段的使用目的都在于实现教学目标。教学目标有效地指导、监督和控制着整个教学流程。因此，教学目标的确定直接关系到教学活动的进行。如果将《课标》中对歌唱模块的教学目标具体化，笔者认为，该模块的学习旨在培养学生在"歌唱"方面的多种能力。首先是歌曲鉴赏能力，也就是能够客观正确地评价歌曲的艺术性和歌者的演唱能力，包括熟悉歌曲多样的表现形式以及各种演唱方法与其独特的表现风格，了解不同演唱形式的经典歌曲，可以感受到人声多样的表现力等。其次是歌曲表现能力，也就是掌握歌唱的基本技能，如正确的呼吸方法，利用气息支持发声，音色圆润，咬字吐字清晰，具有感染力和艺术表现力，使歌唱更具表现力。独唱时，可以从深层次领会歌曲的主题与风格，同时结合自身声音特点，自信地、有表情地歌唱。合唱的时候，可以留意每个声部，各个声部之间和谐与平衡；能够把握作者的创作意图，并迅速响应指挥的动作。最后是歌曲排练能力，也就是能够根据歌曲表现进行一定的自主排练，并且能够熟练运用乐谱学唱和表现歌曲，包括熟知排练的一些基本知识和要求，掌握排练的基础常识和要求，能够对歌曲的特征和音乐风格进行简要分析，正确地传达歌曲的音乐情绪，能够简单评价个人、他人和群体的演唱等。

教学方法和手段的选择取决于教学目标。为了合理安排18个课时的教学，实现上述三个教学目标，教师需要精心设计教学过程，采取合适的教学方法和手段。教师需要改变教材观念，不应该仅仅是教授教材上的知识，而应该是有效地利用教材内容来教学生"歌唱"。也就是说，教师不应该仅仅是将教材上的内容划分成18个小部分，在18个课时中灌输给学生，而是要借助教材内容，培养和发展学生"听、唱、排"的能力。因此，每节课时的开展尤为重要。为了充分发挥教材的作用，教师应当抓住以下三点：首先选择教材内容，在教材中进行筛选，只选择最适合教学的部分内容进行教授；其次重新安排教材内容。可以基于学生的具体情况和需求，灵活安排教学内容的先后，也可以同时教学；最后拓展教材内容，基于教学需要和所搜集的教学资源，引入一些现实生活中与音乐相关的内容，以增加课程的吸引力和学生的学习兴趣，同时也可以开阔学生的艺术视野。

根据《课标》要求，歌唱是一项具有高度实践性的学习内容，可以有效地培养学生的音乐表现能力，提升学生的审美能力。《课标》还要求"让学生多欣赏优秀的声乐作品，感受人声的丰富表现力与美感"。在歌唱模块中，为帮助学生提高鉴赏能力，教师应思考听什么样的歌曲，怎样带领学生听歌曲。合唱是一种非常有表现力的音乐艺术形式，其具有宽广的音域，多样的音色和各种不同的体裁。因此，它不仅是培养学生音乐审美能力的重要手段，也是歌唱模块中重要的演唱和欣赏内容之一。在欣赏合唱声乐作品时，需要确保学生最大程度上感受到其表现力，要带领学生从更深的层次上感受其艺术性和内涵，而非停留于表面的欣赏和体验。在欣赏合唱声乐作品时，应当引导学生体会其风格和表现特点，留意其不同声部音色的和谐、统一；为学生讲解有关合唱艺术的基本知识，例如合唱艺术的历史、类型，以及合唱团队的构成等，帮助学生熟悉部分经典曲目等。

除了合唱以外，在歌唱模块中也会涉及其他演唱形式的学习。需要欣赏和学习多种不同的演唱形式的声乐作品，如表演唱、对唱、组合演唱、小组唱等，对其独特的表现方式和艺术特点作出重点了解；欣赏和学习独唱声乐作品，重点了解不同的演唱方法、各种类型人声的特点，以及熟悉著名独唱表演艺术家的演唱风格。教师应当在歌唱模块中引导学生尽情感受声乐演唱之美，认识不同的演唱形式，增强其声乐鉴赏和审美素养，并且培养和发展学生的歌唱爱好。在歌唱模块的教学中，我们可以通过"集中欣赏"和"结合欣赏"两种形式来进行欣赏教学。前者是指教师基于教学需求，选取一定的主题，以集中的方式组织教学内容，带领学生欣赏。例如，体验经典的合唱音乐、评析无伴奏合唱作品、探究童声合唱的艺术表现、欣赏丰富多彩的演唱形式、窥探独唱的魅力表现等等。后者指的是将赏析与排练结合，在实践中赏析。

《课标》中还重点强调了，在排练合唱曲时，教师应该帮助学生从实践中，从整体上感受曲目，将要排练的曲目作为赏析的对象，引导学生感受和认识其表现特点，体会和理解其创作意图，感受合唱艺术的魅力，感受和谐统一的合唱音色。这不仅有助于提升其音乐审美素养，还有助于其在排练中更好地表现歌曲。在歌唱教学中，表演能够有力地提高学生的音乐理解力，强化其音乐体验，教师应当将欣赏与排练相结合，最大化地提升教学效果，实现学生审美能力和表现能力的共同提高。

歌唱模块教学也包括学习和提高演唱技能。这部分教学受到多方面条件影响，如每个学生都有自己独特的嗓音条件，偏爱不同的演唱方式，学习基础不一；课时数少；教学以"一对多为主"；等等。所以，演唱技巧的教学需要丰富种种问题。教师在教学演唱技能时，要意识到这些条件的限制，将教学的重心放到最基础的演唱技能上，将之作为首要的教学任务，教会学生正确的呼吸技巧、有气息支持的声音发声、饱满的音色、清晰的咬字吐字以及具有感染力和艺术表现力地歌唱。在演唱技能教学时，应当尽量实现三个"结合"。

首先，理论与实践相结合。在基础的演唱技能训练中，教师需着重教授学生如何运用自己的嗓音，学会"唱"；在学习技能的同时，还要着重教会学生相关的声乐理论知识，例如呼吸、发声、共鸣、的基本原理与规律，以此辅助学生学习技能；教授歌曲感情表现的基本原则与方法等，帮助学生提升歌曲表现能力。利用短期训练和学习，培养学生声乐学习方法，为未来深入学习奠定坚实的基础。

其次，集体训练与个别指导相结合。声乐技能训练不同于一对多的理论课，极具个性特点，因此通常采用一对一的授课模式。然而，在高中歌唱教学模块中，因为师资、教室和课时的限制，往往只能一对多地训练。所以，为了提高学生训练和接受指导的机会，提高其演唱技能，教师应该充分运用"合唱"训练方式。同时，教师需要为学生创造机会，例如将学生按照不同的唱法或性别分组，为每个小组提供个别指导和帮助，有针对性地解决他们在演唱过程中遇到的问题，以提升他们的演唱水平。

最后，将学习与表演相结合。根据《课标》要求，高中音乐教学必须将学生的歌唱技能的培养嵌入实践活动中。歌唱技能的训练必须有机地与歌唱艺术表现结合起来，而不能采用以往的训练和实践相分离的教学方式。学习演唱技能是为了更好地表现音乐，因此必须将之与表演结合，如，在教学中要注重挖掘和表现歌曲的情感，有感情地演唱，实现以情带声，声情并茂；在歌唱实践中学习和领会语言和发声的原理、技能，解决吐字不清、发音不准的问题。通过将技能学习与艺术实践有机地结合起来,我们能够避免以往单一地讲解理论、机械地训练技能的问题,这种方法更加贴近普通高中学生在声乐技能学习方面的需求。

新课改着重要求转变教学模式,引导和培养学生的自主学习,这是改革的一个关键方面。高中歌唱模块教学也要跟上改革脚步,教师需采取合适的教学方式和模式,引导学生发挥主动性,让学生自主排练,从而发展其排练能力和综合素质。很多高中音乐教材都特别注重培养学生的自主排练能力,给出了大量曲目,以便学生自主训练和排练。如部分教材设置了独唱、合唱、对唱、表演唱等的互动排练和自主排练的内容。这些教学内容旨在让学生逐步掌握完整的排练过程,从初学者逐步转变为比较成熟的演唱者,并能够独立地完成这些排练和表演任务,如发声训练、分声部排练、合排,指挥演唱,艺术处理歌曲等。从而引导学生在排练实践中强化自身的音乐理解、表现能力和综合音乐素养。

要让学生在排练方面有所发展,教师应该注重在排练过程中融入相关知识。例如,在带领学生排练合唱时,讲解排练方法和步骤,让学生在实践中逐渐从整体上掌握如何排练,使学生真正理解并提高排练的水平;在欣赏合唱时,教师应引导他们注意歌曲的处理和表现方式,以便他们可以积累更多排练经验;为学生提供足够的排练机会,让他们在互动排练和自主排练中获得排练的知识和经验。只有在排练歌曲的实践中,才能够使其排练能力获得长远发展。

虽然在教师看来,高中歌唱模块教学不算是一个全新的领域,但其中涵盖了许多新的教学理念,因而教师也面临一些新的挑战。能否顺利开展歌唱模块的教学,关键在于能否准确理解模块的目标、把握教学重点、采取合适的教学方式。

(三)演奏

器乐演奏模块同样是高中音乐新课程的一个重要模块,这一模块是对新课标理念的重要体现,极具实践性,有助于培养学生的音乐表现能力和审美能力。然而,实践性强也意味着器乐演奏模块的教学更易出现多种不可控和难以预料的问题,我们应当深入思考怎样将演奏教学切实落实为实践,而非流于形式,思考怎样使音乐课程标准活起来,灵活的落实到演奏模块教学当中,让学生通过演奏实践体验和感受美,提升演奏技巧,实现全面发展。

1. 演奏模块的内涵与特征

（1）演奏模块的内涵

模块是指根据某种逻辑线索，将教学内容划分为若干个单元，以便更好地开展教学。将学科内部划分为模块，不能采取机械的割裂方式，也不能仅仅把教学内容简单地拆分为几个单独的部分，而要使每个模块都可以独立运作，同时体现了学科内部的逻辑关系。所以，演奏模块在相对独立的同时也与其他模块相互辅助，相互促进。例如，演奏模块中的鉴赏旨在使学生感受器乐的多样表现和美感，激发他们对演奏的兴趣和内在的热情。

（2）演奏模块的特征

①实践性

音乐是需要通过实践来理解和体验的学科，学生通过参与各种音乐实践活动，获得和深化对音乐的认识、理解、体验。对于学生而言，演奏模块就是这种实践的机会，就是一个展示和发展自我的平台。学生在这一模块学习和掌握乐器演奏的基本技能和读谱技巧，从而演奏力所能及的乐曲或者参与合奏，在这些音乐实践活动中感受音乐的内涵与情感，并获得美的享受，提高自我价值和形象。这就是这个模块的实践性的最直接表现。

②灵活性

模块教学可以让学生有更多的选择自由，因为不同的模块相对独立，学生能够基于个人的兴趣和需求选择适合自己的乐器来学习和演奏，而教师也能够结合学生的表现水平确定不同的学习目标和要求。学生可以通过多种渠道学习演奏技能，包括参加演奏课、参加课外器乐小组活动以及报名参加社会音乐学校的课程。此外，教师应灵活安排学生乐队的编制。不同地区、不同学校之间存在着巨大的差异。因此，我们需要因地制宜、结合校情，对乐队编制进行适当调整，以确保演奏模块的有效实施和教学成果。

③整体性

高中音乐课程的模块的确是相对独立的，其存在本质上的联系，是一个有机整体。模块间的内容相互补充、交叉贯穿，展现了学科所具有的共同属性，这些模块各自展现了同一学科的不同方面，聚合起来便成了一个完整的学科，一同为音乐教育的功效和作用服务，为提高学生的音乐文化素养服务。所以，在高中音乐课程中，演奏模块与其他几个模块相互支持，以培养学生的演奏技能为中心，同时培养他们的音乐审美能力和表现能力。这拓展了学生的音乐学习的范围，使他们对音乐课程的整体理解更加深入，为未来深入学习音乐打下了坚实的基础。

2. 开设演奏模块的价值与意义

美国著名的音乐教育心理学家詹姆士·莫塞尔曾说过："器乐教学可以说是通往更好体验音乐的桥梁，事实上它本身就是一个广泛的音乐学习领域，在这一领域内，它为音乐教学提供了独特而令人高兴的音乐教育价值、效果的可能性。孩子们充满着喜悦的心情，在教师的指导下一定能将这种可能性逐渐变成自己的东西。"[1]这精辟的论述，道出了器乐教学的宝贵价值与意义。开设演奏模块的意义主要体现在以下三个方面：

首先，能够让学生自己演奏，直接感受音乐的魅力，进一步丰富他们的音乐知识，拓展其音乐视野。虽然可以通过耳朵来体欣赏和体验音乐，但仅仅依靠听觉难以达到和作品的深度交流。相比之下，亲自演奏更能够让人深刻地体验音乐的内涵和感染力。演奏模块中，学生可以自己选择演奏黑管、号角、长笛等。只有亲身参与，才能真正地体验和感受音乐，通过演奏大量器乐作品，深刻领悟音乐的美妙之处。

其次，能够使课堂更加丰富和有趣，激发学生的音乐创造潜力。演奏实质上是一个再创造的活动。学生的演奏，不只是将纸面上的乐谱变成现实的音响，也是一种音乐创作。学生的演奏，不仅展示了作曲家对音乐的理解，展示了乐曲之美，同时表现了自己的理解，参与了音乐之美的创造。这极其契合音乐课的本质，并且体现了音乐课的重价值。

最后，能够增进学生的团队合作技能。演奏不仅包含独奏，还包含集体演奏，后者就需要具备集体合作能力。在乐团、乐队的演奏，需要每个演奏者的相互配合、协作。这样的演奏能够培养和增强学生的集体意识，提升他们的协作能力，同时为学生发展特长提供了更多的可能性。

---

[1] 赵珺兰. 钢琴艺术教育理论与实践[M]. 长春：吉林人民出版社，2017.

综合以上所述，演奏模块使学生能参与到音乐演奏活动中，亲身体验音乐之美。演奏模块之所以有价值，是因为它可以帮助学生发展他们的审美、创造和协作能力。

3. 对高中音乐演奏模块教学的几点思考

（1）"活化"音乐课程标准

《课标》是高中音乐新课程的指导性纲要，介绍了高中音乐教学的课程性质、基本理念、课程目标、课程内容和课程实施等方面。这是每个音乐教师必须了解和掌握的，并将之融入自己的教学实践。

许多教师都反复阅读、分析、理解《课标》，有些人甚至能够完全背诵下来。然而，这不意味着教师能够轻松地将之落实到自己的教学实践当中。事实上，还有不少教师不知道怎样利用其指导自己的教学。这个问题在当下音乐教学领域中广泛存在。音乐教师应当认真研读和深入理解《课标》，不仅要理解其表面文字，更重要的是要将其中的内涵深入挖掘，将其融入实际教学中去。在教学中，不能机械地套用《课标》中的思想和理念，而是要在深入理解《课标》的基础上，创造性地运用，结合自己的教学智慧和经验，将其更好地融入实际教学中去。例如，在演奏模块教学中，尽管教材中提供了训练曲目和指导，但是教师要根据学生的实际情况，灵活地选择合适的练习曲目，适当地调整教学策略和训练难度等，以发展学生的演奏技能为出发点和落脚点，制订全面有效的教学方案，从而真正将演奏模块的教学落到实处，达到最佳教学效果。

（2）积极提高教师专业素养

应该积极提供机会，使高中音乐教师在艺术素养、音乐技能以及音乐教育能力方面得到全面提高。模块教学要求音乐教师具备更高的专业素养，增加了许多音乐教师的教学压力。以演奏模块为例，教师往往会面对学习不同乐器的学生，为其提供指导，但是教师很难精通所有乐器，这可能导致教师在某些情况下受到学生质疑。对此。第一，教师应保持平和的心态，勇敢面对，正视自己的不足，并告诉学生闻道有先后，和学生共同学习和探讨问题，通过真诚的交流和努力，获得学生的支持和尊重。第二，在课外提升自己。在投入时间和精力学习常见乐器的基本演奏技巧，例如，可以学习吉他，这种乐器不仅比较容易上手，还是许多教材所要求的乐器。教师可以在课下多加练习，提升自己，以便为学生提供更好的指导。最后，教师应该熟悉基本的乐队训练方法。合奏也是演奏模块教学的重要内容。无论是哪种乐队的演奏训练，教师都需要重点引导和培养学生的协作能力、合奏能力，带领学生获得更深层的音乐体验。这意味着音乐教师需要更高水平的教学能力，特别是组织和管理学生时能够使用恰当的方法。此外，教师还需要对各种乐队的编制情况和不同乐器的音色特点有充分的了解，以便更有针对性地进行教学和训练。

（四）创作

在高中音乐课程的创作模块中，主要的教学内容和方式是利用音乐素材进行创作音乐。这一模块具备独特的优势，能够有效培养学生的创新思维和实践能力，激发学生的创新意识和勇气；让学生在创作的过程中逐渐养成多向可变思维，从而为他们未来的创新能力发展打下基础；能够提高其解决实际问题的能力，还可以促进其他教学内容的学习。

1.创作模块的教学重点

关于创作模块的教学重点，《标准》的表述是，学习和了解音乐材料组织发展的基本形式及声乐作品中的词曲结合关系，对音乐作品结构有基本了解并初步掌握一些作曲技巧，能够用简谱或五线谱来准确记录作品，并且能试着为歌曲作曲或给旋律配上简单的伴奏。概括来说，这些知识包括如下几部分。

（1）基本的读谱知识

了解音乐构成的基本元素，包括音阶、调式、节奏、节拍、速度、力度、音色、和声等，并了解这些元素在音乐中的表现作用。

（2）音乐主题的写作方法及旋律的发展手法

包括以下几种：重复、变化重复、模进、变奏、紧收、宽放、对比并置、引申展开、首尾呼应、安排终止等。

（3）歌曲常用曲式

这指的是为了将完整的思想内容表达出来而设计的音乐结构形式。了解和掌握歌曲常见曲式是学习创作的学生所必须做到的。这不仅对于初学者的创作至关重要，同时也有助于丰富学生对于不同曲式的了解，促进其开展不同结构音乐的学习，进而提升歌曲创作能力。

以上内容是专门针对普通高中学生的音乐学习的。教师应根据学校选修该模块的学生的实际情况，合理分配不同学习阶段的学习内容，以帮助学生逐步掌握并提高相关技能；有意识地指导学生学习那些具有规律性的知识内容，引导其不断改正自己对不熟悉的歌曲节奏、旋律、歌词、表情处理，使其在实践中将所掌握的理论知识转化为创作技能。

2. 创作教学的教学计划

在创作模块的教学过程中，必须要制订合理的教学计划，对种种有助于开发学生创作思维的因素进行整合规划。教师可以提前组织摸底测试或者了解学生以往的学习经历，从而掌握每个学生的基本音乐素质，并基于此安排此学期的教学计划，先讲授基本的乐理知识，待学生掌握后，利用电脑教室进行音乐创作教学。带领学生学习和了解电脑音乐制作软件的使用方法，学会音乐主题写作、旋律发展的方法，以及如何配置和运用前奏、间奏和歌曲伴奏等。最后，简化歌曲制作过程，将之分解成旋律、节奏、和声、歌词以及音色音量等几个部分，辅助学生按照此简化步骤掌握基本的电脑音乐制作系统操作，以完成简单的歌曲创作和编配。

3. 指导学生做好"音乐创作"的准备工作

为了让学生能够成功地开展音乐创作，教师需指导学生做好准备工作，带领学生学习基本的理论知识和技能，确保学生掌握了必要的乐理知识，独立的视唱和记谱的技能，具备感受、理解和表现音乐的能力等。在短暂的两个课时中，需选择适当的乐理教学内容，将教学核心放在如何记五线谱和如何编配和声上。可以利用音乐软件的操作学习来巩固和复习五线谱知识。目前，高中音乐创作教学模块中，多数教师常用的是 Cakewalk 编曲软件和 Encore 专业打谱软件。教师应当引导学生使用 Encore 软件输入和编辑乐谱，以确保他们对相关概念的理解正确、规范。专业的乐谱制作软件功能都是规范化的，能帮助学生正确地操作。如果在要求输入一小节 4/4 拍的旋律时，实际输入的时值总和超过 4 拍，电脑将发出警示音并拒绝输入超过时值的音符。反之，乐谱就会出现音符排列错误或者演奏中断等问题。在高中的音乐创作模块教学中,学习和声编配只需要掌握基本一、四、五级及其排列规则。在实际教学中,可以稍微放宽要求,只要和声结构大致正确即可。需注意到的一点是,能力的培养是一个长期的工程,不能急功近利,要依靠平时的教学,日积月累地培养学生、发展学生,只有进行长期的严谨工作,才能取得成效。

4.电脑音乐创作教学内容范围的选择

教师在教学过程中需充分考虑到学生的个体差异,因此为了满足不同程度的学生的需求,应当针对不同的学生制定不同的要求。

(1)乐曲的输入

学生可以根据个人的音乐水平,自行创作一段乐曲或选择输入一段自己所钟爱的旋律。由于一些旋律杂节奏较为复杂,曲风难以掌控,教师需引导学生选择节奏舒缓、规整的旋律。在音乐软件乐谱输入方式主要有三种:(1)用电脑键盘的"键盘"功能录入乐谱;(2)通过单步录音的方式录入,选择合适的时值,并用电脑键盘弹奏音符来输入;(3)通过鼠标点击来输入,虽然这样速度较慢,但操作方式简单直观。

(2)节奏的选择和编配

教师应当提供了各种不同风格的节奏,让学生能够基于乐曲的特点自己选择适合的节奏,作为"鼓底"。这种操作方式非常方便,只需要结合作品的需求进行必要的修改,就能编配好节奏。教师也能引导学生自行制作"鼓底",如引导其在三个音轨分别输入大鼓、小军鼓和落地踩叉的节奏型,将它们混合后演奏,就能制作出一个基本的 disco 节奏。

(3)和声的编配

和节奏的选择、编配一样,教师可以为学生提供多种和声使其自由选择,也可以引导学生自行编配。后者难度更高,学生需要掌握基本的和声知识,包括一、四、五级的编配和伴奏织体的设计。然后,结合自己的和声编配技能和听觉检验,努力为作品编配合适的和声。

(4)歌词填写

在填写歌词的过程中,还需要注意连音线、圆滑线以及倒字等细节问题,这显然不是一件简单的事情。在这个阶段，教师不应要求过多，只要学生创作的歌词不违背普遍的审美标准即可。

5. 对教师的要求

（1）广泛涉猎各种不同体裁、不同风格的音乐

很多学院派的音乐教师通常对古典音乐的了解相当深入，而对现代通俗音乐却不甚了解。但是学生往往更加喜欢流行歌曲，也就是现代通俗音乐，所以在自己创作音乐时，自然会受此影响，使用一些通俗音乐元素。若教师没有注意到学生特点，提前准备，就难以对学生学习作出有效指导。只有通过广泛了解各种风格的音乐，特别是学生偏好的通俗音乐，教师才能在电脑音乐创作课程中发挥好主导作用。

（2）学会熟练地操作、使用电脑音乐软件

目前市场上的电脑音乐创作软件可以分为三种不同的类型：编曲类软件，例如 Cakewalk、Soundforge，其主要为用户提供基于 MIDI 音乐的编辑及创作功能；打谱类软件例如 Encore、Finale98，专业性较强，它们拥有与乐谱排版系统相当的乐谱编辑功能，并且非常适合专业人士使用；对于非专业音乐人而言，自动配器类软件更加好用，例如 Bandinabox，就是一种很受欢迎的快速编曲工具，只需输入旋律、和声和作品风格，即可自动生成伴奏乐曲。如果教师能熟练使用各种软件的不同功能，那么就能够创设多样化的教学情境，从而激发学生的探索和解决问题的热情，激发其创作欲望。同时，还可以让学生产生一定的疑问，并焕发出创造性探索的热情。创造性教学的基础条件之一就在于此。

（五）音乐与戏剧表演

作为审美教育的一部分，高中音乐课程在教学方法上与其他学科存在极大的差异，高中音乐教学主要从感性出发，并通过体验式的教学方法，以情感打动人心，以美感感染人，并强调教育的潜在效益。开设高中音乐与戏剧表演课程模块，可满足当代学生多样的兴趣和发展需求，在多样化的艺术体验中拓展视野、培养兴趣爱好、提高审美能力，并进一步提升学生音乐与戏剧表演相结合的综合艺术表现能力。

根据《普通高中音乐课程标准》，戏剧是涉及音乐、舞美等多种艺术门类的综合性艺术。教师在高中音乐和戏剧课模块的教学中，可以采取以下措施，以确保在较短的课时内取得最大的教学效果。

1. 构建新型的师生关系

美国心理学家罗杰斯说："成功的教学依赖于一种真诚的理解和信任的师生关系，依赖于一种和谐安全的课堂气氛"[①]。教学包含教师的教和学生的学，是双方共同参与的过程，在教学内容、教学过程和师生关系中，都需要充分的师生互动，如果师生之间没有情感上的交流、互动，那么学生就难以被教学内容所吸引，难以充分参与到教学过程中去，更无法形成融洽和谐的师生关系。因此，教师需要更新教育理念，尊重、爱护学生，建立融洽和谐的师生关系。师德的核心在于爱，作为教师，肩负着神圣的使命和责任。对于学生而言，教师的一个微笑、勉励或注视，都能激发学习的信心和热情。在音乐课上，如果师生之间的关系融洽，学生会更加积极思考，更有勇气表达自己的想法，会积极地提出问题和意见等。教师的热情、信任和尊重可以满足学生的表演欲望。教师可以用激励性语言、动作和神态，引导和鼓励学生去创新，激发学生的创作热情。

2. 构建开放式的音乐教学环境

对于理想的师生、生生互动交流而言，学生有没有投入音乐欣赏当中，有没有积极交流讨论，敢不敢大胆发表个人想法、参与谈论、争论都是重要的影响因素。为实现开放式的音乐教学，应营造开放性的教学环境。

二、高中音乐教学设计

音乐教学设计指的是音乐课程教学之前，计划性的教学准备和活动安排，为音乐教学活动的顺利开展提供了基础。尽管与传统的备课相比，音乐教学设计有些相似，但它们之间存在着本质的差异。教师在上课前都会备课，这主要针对的是所教的内容和所采取的教学方法和手段，以确保本节课堂教学效果的最大化。音乐教学设计是从宏观的角度对教学实施进行的全面思考，重点考虑了学生在课堂上的音乐学习活动，并对此作出合理设计。当下教师的教学行为需坚持新课程

---

① 赵崇乐. 体育审美教育论[M]. 沈阳：万卷出版公司，2019.

理念的指导，因而所作出的音乐教学设计也导致了师生角色的深刻转变以及学生音乐学习方式的巨大变化。这种创新的教学设计已经逐渐取代了传统的备课方式。这种变革一方面是教师对新课标的贯彻实施，另一方面也是音乐课程改革发展的一种趋势。在新课标指导下的音乐教学中，音乐教学设计也不同于传统的"音乐教案"。立足于理论的视角，音乐教学设计是在理论上针对音乐教学实践行为的一种预期，也可以说是在理论支持下的实际教学行为和操作。也就是说，音乐教学设计体现了音乐新课程理论与实践的有机结合。与此相比，音乐教学设计实现了理论与实践的融合，能更好地提升音乐教学的效果，提升教师对音乐教育理论的掌握水平，以及音乐教学实践水平。音乐教学设计不能脱离新课程的要求，要契合其基本理念、课程目标和内容标准。展开而言，音乐教学设计包括音乐教学内容、音乐教学目标以及音乐教学过程等若干方面。

（一）音乐教学目标的设计

音乐教学的目标体现了此课程的价值，是理想预期中的，学生基于教师的指导，在音乐学习中的行为的变化，以及阶段性的学习成果。音乐教学过程、活动都是在教学目标的引领下设计和开展的。新课程重新定位和阐述了学生的全面发展，其最显著的特点在于，教学目标不再单一，而是朝着更加多元、综合和均衡的方向发展。更具体地说，每门课程的目标都包含情感态度与价值观、过程与方法、知识与技能等三个方面。

1. 音乐教学目标的分类

对于人的全面发展、人格完善和人生历程而言，情感态度和价值观扮演着非常重要的角色，它是一个人积极阳光、乐观生活的精神基础。新课程的教育理念，更加重视在课程教学中的情感因素，将之纳入课程目标，发挥着重要的价值取向作用。情感，一方面指的是学生对学习的兴趣、爱好和热情，另一方面，更是一种情感体验，是一种内心的充盈。态度，一方面是一种学习追求和学习责任感，另一方面，还是享受生活、积极进取的精神。价值观，一方面指的是个人的价值观念，另一方面，指的是个人、社会、自然价值相统一。这三个单独的因素现在已经被视为课程目标的关键组成部分。

关于"情感态度与价值观"这一目标，各学科的倾向和对应的内涵存在差异。从本质上看，音乐教育是一种审美教育，一种情感教育，其重要教育目的之一就是陶冶情感、完善人格，因此其目标中必须包含并突出情感态度和价值观的目标。音乐课程的显著特征是情感审美，以情感和音乐之美感染人、培育人、发展人，就是其主要的教育方式。音乐课程的教育价值和教育效果更多的在于陶冶、净化、深化等情感层面，而非知识和技能的发展。

学习过程和方法论在教育上有着重要价值。因而，教育学尤为关注学习过程和学习方法。而学生是其中的主体，所以其实际上就是尊重和重视学生的学习经历、体验和方式。如果教师在教学中只关注学生的学习成果、自己的教学效果，而忽视和轻视过程和方法，即使能够获得学生成绩的提升，但也不能带来真正有效的教学。这种教学方式抑制学生的个性思考，弱化了智慧参与的重要性，只注重知识的灌输，不利于甚至阻碍了学生的全面发展。它导致学生丧失了学习上的主观能动性，变成了学习机器，缺乏独立思考和批判性思维。此外，音乐课程也有自身的独特之处，有区别与其他学科的个别特征。音乐学习中，过程和方法的重要性在于，音乐教育具有一种"润物细无声"的潜效应，其对学生的培养是潜移默化的，其教育目标往往隐含于教学过程中，即以过程为目的。在教学方法上，更注重让学生掌握学习方法，发展其音乐学习能力，促进其终身学习和可持续发展，而不是仅仅让他们学会音乐知识。

"过程与方法"目标可以从五个方面细化：体验、比较、探究、合作、综合。所有基础教育的学科，其所包含的知识、技能都能够形成一个系统化的体系，都有一个完整的知识技能框架。高中的音乐课程同样如此。其最基本的就是知识和技能的教学，这一方面是发展人的整体素质的需要，另一方面也可以为学生未来音乐上的深入学习打下了基础，是其持续发展的必要条件。然而，现在的高中音乐课程教学，过于强调乐理知识和识谱技能，忽视其他方面的技能，如音乐创作技能，所教授的音乐知识和技能存在片面性，导致学生难以形成完整的音乐知识和技能体系，也容易引发学生的厌学情绪。

基础教育领域对此已经形成了新的教学理念，认为音乐知识除了乐理知识之外，还包括音乐表现、结构、体裁、形式等方面的基本要素，尤其是音乐创作、历史和相关文化方面的知识。音乐技能的范围不仅涵盖了视唱、练耳、识谱，以及唱歌技巧中的发声、共鸣、咬字、吐字等方面，还涵盖了将这些技能放到具体的音乐实践活动中去培养和提高的能力。这些是音乐技能教学中最为关键的部分，它可以够帮助学生形成基础的音乐知识和技能的框架，形成系统的完整的知识、技能体系。

2.音乐教学目标的表述

（1）目标要明确、具体、简洁、指向清晰

从具体的表述上看，音乐教学目标和音乐课程目标之间有着一定的差异，和以往的音乐教学大纲中的教学目的更有着本质上的区别。音乐课程目标对应的是某一阶段所预期的音乐教育的总体目标，而音乐教学目标是教师预期某一特定时间或环节内，学生在音乐学习中应该达到的具体行为的变化。前者为宏观视角，后者为微观视角。虽然目标也带有一定的目的的含义，但是其更偏向于具体的、阶段的、特殊的价值，相比之下目的则更偏向于总体性、终极性以及广泛性的价值。所以，在音乐教学目标的表述应当是明确、具体、简洁、指向清晰的。类似于"促进学生的全面发展""提升学生的音乐素养""提升学生的艺术品位""培养学生的创新精神""开发学生的创作思维"等目标都不符合上述要求，无法为音乐课堂教学提供具体的指导，不能作为课程教学的评价依据。

音乐教学目标应该清晰明了、具体简明，包括本节课的具体内容、实施方法、过程以及要达到的程度和水平。以《半个月亮爬上来》为例，其教学目标为：①听多种形式、风格和流派的《半个月亮爬上来》，领略不同情感和形态，同时培养对中国传统民歌艺术的喜爱之情。②掌握曲式结构和演唱方式等知识，能够有感情地歌唱。

（2）目标要涵盖三个维度

将教学目标从单一维度扩展到多个维度是新音乐课程作出的一个重要变革。在传统的音乐课程中，尤为注重"知识与技能"目标。例如，学会 SOl、MI 两个音，能够准确地唱出它们的音高，用 SOl、MI 的两个音和四分、八分音符以及四分休止符来构思一段简单的旋律，掌握有关大合唱和作曲家冼星海生平的知识。上述目标没有涉及"情感态度与价值观"，也没有明确表述"过程与方法"的维度，而主要聚焦于"知识与技能"。

对于音乐教学目标的表述，可以灵活调整具体的设计思路和语言表达，将三个目标维度相融合。以《爵士乐》的教学目标为例，可以表述为：能够自主收集整理有关爵士音乐文化的资料（文字、音响），在课堂上进行展示与交流，共同探讨爵士音乐的风格特点，并了解其相关文化及艺术价值；以开放的心态，正确审视美国黑人爵士音乐文化，增强对多元文化的接纳与包容意识。上面的"教学目标"虽然只有一段，却包括了三个目标维度，即"以开放的心态，正确审视美国黑人爵士音乐文化，增强学生对多元文化的接纳与包容的意识。"（情感态度与价值观目标）；"能够自主收集整理有关爵士音乐文化的资料（文字、音响），在课堂上进行展示与交流"（过程与方法目标）；"探讨爵士音乐的风格特点，并了解其相关文化及艺术价值"（知识与技能目标）。

（3）正确使用目标的行为动词

新课程的一个重要理念是"以学生的发展为中心"，在这一理念的指导下，教师角色、教学方式和学生的学习方式均发生了质的变化。也就是说，课堂教学行为主体是学生而不是教师。而过去在"教师中心"和"学科中心"的传统观念里，音乐教学目标通常表述为"通过……使学生……""通过……培养学生……"这样的句式，目标的行为主体是教师而不是学生。这种方式体现了从教师角度来表述教学目标的特点。而实际上，判断教学效果的根本依据是学生在课堂上获得哪些音乐方面的进步，而这恰恰不是教师单方面的主观愿望能实现的。相反，由于音乐新课程是从学生、学习者的角度来表述目标，因此其行为动词多为"对……""在……""用……""能够……"等。

（二）音乐教学内容的设计

音乐教学内容指的是包括文本、乐谱和音响等在内的，是供师生共同使用的所有音乐材料。一般来说，教材为音乐教学内容的主要载体，如音乐教科书、音乐教学参考书以及配备的光盘等影音材料。其核心为音乐教材，使用对象为学生。通常情况下，各学年、各学期所学习的音乐教学内容，都会体现在相应的音乐教材中。然而，实际的教学过程中，教师也可以根据情况来搜集筛选教学内容。所以，对于音乐教师而言，采取多样化方法，做好音乐教学内容设计，对音乐教学内容作出科学合理的选择、组合，是必备的基本技能，也是在音乐教学中必须做好的教学准备和教学设计。

1. 音乐教学内容的选择

在选择教学内容时，教师需要考虑两个原则：一是要将音乐审美作为核心，二是要将学生发展作为中心。从本质上看，基础音乐教育就是审美教育，其中最重要的不是丰富学生的音乐知识，培养学生的音乐技能，而是引导学生发现、感知、体验、创造和变现音乐之美。所以，音乐课程的教学内容要以审美教育为核心，都要体现出其美育特征。音乐教学内容是对解决"教什么""怎么教"问题所必需的，是教师教学的重要依据，也是学生体验音乐之美的客观基础之一。所以，在选择时，需关注那些具备审美价值的，能够带来美感的歌曲、乐曲，这对于音乐教育突出美育本质和核心极为重要。按照新的课程观，应该将学生放置于课程的中心地位，所以，在音乐教学的内容的选择上，需要革除"学科中心""教师中心"等落后思想，紧密结合学生个性，结合其兴趣和需要，结合其现实生活，坚持依照学生的身心发展规律和审美认知规律，确保音乐教学内容能够符合学生的喜好，能够被学生真正接受。过去的音乐教材基本上立足于教师的视角，从"教"出发，以教师为中心组织教学内容、设计教学方法，忽视了学生的主体地位，所以学生的学习往往是被动的，不能发展学生的自主学习习惯和能力。当下提倡的新的课程观，强调关注学生，以学生发展为出发点和落脚点，并侧重于学生的自主学习。这能够帮助学生培养音乐兴趣，同时也能够促进他们在音乐方面不断进步、持续发展。所以，音乐教学内容的选择，需要以学生的生活阅历和心理需要为出发点，充分考虑其音乐兴趣和需求，从而提高音乐教学内容的亲和度和人文性。

2. 音乐教学内容的组合

组合音乐教学内容的方式较为多样，教师要能够结合实际灵活调整。其中，应用较为普遍的为同类题材、同类体裁以及不同人文主题之间的组合。

同类题材的组合方法，指的是基于教学需要，将题材相同的音乐作品有机组合。如介绍各大洲的音乐，就可以以具体的大洲为题材，组合音乐教学内容。

（1）非洲风情

①《达姆达姆》（苏丹）；

②《尼罗河畔的歌声》（埃及）；

③《咿呀呀欧雷欧》（扎伊尔）。

（2）美洲印象

①《蓝色狂想曲》（美国）；

②《小星星》（墨西哥）；

③《红河谷》（加拿大）。

此外，在同类题材的音乐教学内容组合中，需要考虑各种要素的搭配，如国家、地区的因素，以及作品的代表性等。

同类体裁的组合方法，指的是将体裁相同的音乐基于教学实际形成组合。如可以按照中国民歌或者艺术歌曲来组合。

（1）中国民歌

①《澧水船夫号子》（湖南）；

②《上去高山望平川》（青海）；

③《月牙五更》（东北）。

（2）艺术歌曲

①《铁蹄下的歌女》（聂耳）；

②《叫我如何不想他》（赵元任）；

③《嘉陵江上》（贺绿汀）。

在实际的教学中，除了需要考虑内容的搭配之外，还需要考虑其与教学过程和方法的综合运用。

（三）音乐教学过程的设计

音乐教学过程是指为实现音乐教学目标而必须经历的一系列活动程序，其设计则是基于对教学对象、内容、方法和手段等方面的分析和研究，为实现音乐教学目标，在课程教学中准备作出的具体安排。因为盲目关注教学结果，对于教学过程缺乏足够的重视，传统音乐教学的过程往往存在僵化和封闭等问题，进而又会造成教学过程设计流于形式、空壳化、步骤固定、毫无创新。实际上，在音乐教学中，有些教师过分依赖既定教学计划，一旦开始教学就不再改变，担心稍有变化就会影响预期的教学效果。这种将重点放在结果上，而忽视过程的音乐教学，虽然看似采取的先进合理的模式或形式，但实际上却无法体现音乐教育的真正价值。

教师必须坚持音乐新课程的教学过程观的指导，依据此改进自己的音乐教学过程价值观，要高度认可和重视音乐教学过程本身所具有的教育价值，在教学中关注教学过程设计，将之作为整体教学设计中不可或缺的一部分。由于音乐学科作为美育的一种形式，其教学效益主要表现在潜在方面。音乐教学目标和过程是相互协调统一的，其目标融入在过程中，其过程也是一种目标，没有理想的教学过程，必然无法实现教学目标。所以，音乐新课程要求，音乐教学过程应当是可变的、开放的、具有生成性的。主要的音乐教学过程设计通常有如下两种。

1. 阶段式音乐教学过程设计

这种方式的音乐教学过程设计，是将构成音乐教学过程的各种因素，根据其不同特点划分成若干个固定段落，如起始阶段、展开阶段、结束阶段等。起始阶段的主要任务是组织教学、诱发兴趣、导入新课。常见的导入方式有谈话式导入、图像式导入、音乐式导入等多种。导入方式最重要的是具有新意。例如，《行进中的歌》导入设计音乐课开始，大屏幕呈现天安门广场隆重、威武的阅兵式镜头，但没有音乐（引发问题，并引导学生向老师提出质疑）。教师适时反问："根据你们的观察，什么样的音乐在此时播放最合适？"（引导学生各抒己见，最后肯定对"进行曲"的选择）。教师板书：进行曲。（导入新课）由于导入是一节课的初始阶段，它的成功与否和效果如何，将直接影响着后面的教学内容。好的导课设计有如一座桥梁，不仅连接着教学的各个阶段，而且还连接着旧识和新知，不仅能将学生的注意力迅速集中到教学内容上来，还可以激发学生学习欲望，促进思维的运转，使后面的教学内容顺理成章。展开阶段是音乐教学的主体和中心阶段，是音乐教学内容展现和音乐教学目标达成的阶段，因此这一过程尤为重要。

一般展开阶段由若干个教学活动组成，其特点是环环相扣、逐渐铺展或是由浅入深、逐步递进。例如,《行进中的歌》主体设计。教师:战争时期最让军人激动的是什么?(师生交流:打仗、胜利、凯旋……);教师:和平时期什么事情最让军人激动呢?(师生交流:军事演习、阅兵式……);教师:好,今天我们就在教室里举行一次军事演习、实战大阅兵,以展示当代军人的风采。我担任本次军事演习的总指挥,我任命…(被教师委以重任的几名同学分别带领着步兵、骑兵、坦克兵、装甲兵等若干小组,进行节奏探索,并利用人声、人体各部位、学习用具、桌椅、地面、报纸、水瓶、塑料桶等各种自然音源,将本组的探究结果在音乐的进行中展示出来。教师与同学一起参与讨论、一起操练,并提出建设性意见。)师生集体探究后,经过讨论,统一意见,简单操练,形成集体的探究成果,各小组召集人带领本组同学将创编练习的活动成果展示给全体同学。在进行曲中,以小组为单位进行汇报交流:有的模仿仪仗队的脚步声和口号声,有的模仿各种枪炮子弹声,有的模仿飞机、坦克、机动车声,有的模仿现代化武器发射声。每一个小组汇报后,教师组织同学进行点评,鼓励创造,分析亮点,集体参与修正意见,使每一组、每个人除获得创造表现机会外,还学习评价、判断与分析。最后,"总指挥"带领全体"指战员",在音乐声中完整地进行一次大规模的"军事演习",将本课推向高潮。

结束阶段承担着总结教学内容和提升教学效果的重要职责,在音乐课堂教学中十分重要,它的好坏直接关系到整个学习过程的完整性和成功与否。在下课前,教师往往会总结本节教学内容和学生的学习进展,以此作为结束。但这种结束方法仅仅是重复了本节课的重要知识点,缺乏迁移,尤其是总结时,由教师单独发言,没有师生交流,缺乏情感的互通。实际上,学生在本节课的理论学习或者技能训练中,通常会产生很多特别的感受,也可能有一些疑问,并对此有着强烈的表达欲望,若由学生总结,或者和师生一起总结,通常能够达到出人意料的教学效果。例如,可以采取教师采访学生的访谈方式,或者教师引导学生回顾学习过程的回味式结课来结束课程。还可以采取教师设问引发学生思考和联想,激发探究欲望的外延性结课。

2. 环节式音乐教学过程设计

环节式音乐教学过程设计是指把构成音乐教学过程相互关联的若干因素进行

并列式的组合。具体包括以内容为环节和以方法为环节两类。

（1）以内容为环节

以《阿细跳月》教学过程为例，设计话中秋。

①颂中秋

写出歌名中有月亮的歌曲，比方说《十五的月亮》《月亮船》《月之故乡》《月亮代表我的心》《月亮惹的祸》《明月千里寄相思》。

②唱中秋

指导学生们齐唱《但愿人长久》《欢乐的边寨》。

③感受与体验

欣赏《水调歌头·中秋》。

④表现与创造

学生用打击乐器为《阿细跳月》的主旋律即兴伴奏，会乐器的学生演奏主旋律，其他学生即兴表演舞蹈。

⑤归纳与总结

师生畅谈本课收获。

（2）以方法为环节

以"腔调情韵——多彩的民歌"为例，展示以方法作为教学过程的环节，如探索与交流、感受与体验、表现与创造、归纳与总结等。这几个环节既体现了教师的音乐教学方法，又体现了学生的音乐学习方法。

①探索与交流

让学生上网查阅蒙古族、侗族、藏族族的有关资料，了解不同民族的相关文化与风土人情，辨析不同民族音乐作品的风格特征。

②感受与体验

通过"感受与体验"的环节，获得对表现少数民族民歌的直接体验，加深对少数民族音乐的印象。

③表现与创造

通过"表现与创造"的环节，进行民歌演奏和舞蹈方面的实践，学习以音乐的方式来表达自己的情感。

④归纳与总结

师生畅谈本课收获。

这堂课不仅在教学内容方面体现了浓郁的民族音乐特点，而且在音乐教学和学习方式上也有所突破，体现出探究性学习的特点。它赋予学生、教师、教学内容和教学方法新的含义，即音乐教学过程的设计并不是孤立的教学行为，而是以建构主义理论为基础，通过意义建构的方式而完成的。

第三节　高中音乐教学方法创新

创新是高中音乐教育教学的要求，它是实现高中音乐教学目的的重要保证。

一、高中音乐教学方法创新要求

高中学习阶段处于学生全日制学习的中等教育阶段。在这个阶段的高中音乐是全员学习。随着高中阶段学习的结束，绝大多数高中生的音乐课学习意味着结束，进入大学后只有一少部分学生进行音乐专业的学习，不像高中阶段每一个学生都要接受音乐课的学习。因而高中音乐教育就显得非常重要，也给我们高中音乐教育带来了压力，增加了音乐教学工作的紧迫感，促使我们深入进行高中音乐教学方法的创新。特别是面对当前音乐教育的发展趋势，国家对音乐教育教学提出了更高的要求，提出了学生的核心素养标准。而作为音乐学科，学生的音乐核心素养从哪里来呢？当然是从我们的音乐教育教学中来，从我们的高中音乐教学方法创新中来。为了弄清这一问题，我们必须要学习和了解音乐核心素养的实质和内涵，为我们高中音乐教学方法的创新奠定牢靠的基础。

（一）深刻领会音乐核心素养的实质

教育部公布的《中国学生发展核心素养》中指出，要以科学性、时代性和民族性为基本原则，要以培养"全面发展的人"为核心，提出了文化基础、自主发展、社会参与等三方面的要求。这为我们在开展学生核心素养教育工作指明了方向和提供了依据，同时，也提出了新的课题，即在工作中如何落实好这一要求。特别是在思想认识、工作方法上取得明显成效，是值得我们去探索研究的问题。就音乐教育工作而言，如何围绕提高学生音乐核心素养，实现"全面发展的人"为核心的目标，需要我们深刻去认识和理解，并付诸行动。核心素养总体框架标准与音乐学科课程的有机结合，表现为音乐核心素养，而音乐核心素养的表现有其突出特点。

1. 体现音乐审美价值

根据音乐教育学理念，音乐教育属于美育的范畴，旨在引导学生参与音乐学习和实践，从中培养和发展感受美、鉴赏美和创造美的能力，并用美来规范自己的生活和行为，促进人的内心世界与外在言行的美化，这正是其审美价值所在，也是音乐核心素养的基石所在。

所以，在音乐教育教学的整个过程中应该贯彻这一教育理念。教育工作者应当始终秉持这一教育理念，以其为中心开展音乐教育教学工作，并以此为重要标准评价音乐教育教学质量。学生的音乐审美能力是其音乐审美价值的一种外化表现，唯有优秀的音乐审美能力，学生的音乐审美价值才能够得以最大程度地体现。也可以反过来说，为了让学生体现音乐审美价值，必须发展其音乐审美能力，这对于培养学生音乐核心素养而言同样是一个关键。我们可以从音乐教育教学实践中看到，扩展学生的音乐视野、引导其丰富不同风格的音乐体验、帮助其掌握音乐知识和演奏技巧、引导其参与音乐信息交流，都有助于提高学生的音乐审美能力，这也体现了音乐审美的具体价值。所以，音乐教学中始终将音乐美育作为核心，作为整个音乐教育教学过程的主线，是音乐教育与其他学科的重要区别之一。它集声音优美、时间无限、听觉享受、热情奔放、感情交融于音乐表现中，体现着音乐的强大感召力，实现了音乐审美价值，并建立着学生的音乐核心素养。

2. 体现音乐创造力价值

培养学生的音乐核心素养，需要注重培养其音乐创造力。在时代发展的大背景下，需要将开发智力和培养创造力作为音乐教育发展和改革的重要方向。

作为一种媒介，音乐能够将生活中各种有趣的创造力相互联系，使之得以互通并提升。音乐教育具有独特的功能，能够激发学生的创造灵感，开发其创新性思维。学生音乐学习的过程就是发挥和发展想象力、音乐创造能力的过程。音乐对于人类的历史进程产生着深刻的影响,它激发了众多英雄壮举和天才创造,推动着时代的进步。这体现了音乐的创造能力,并彰显了音乐核心素养的内在含义。因此,音乐教育是培养学生创造能力的重要途径。

3.体现音乐文化价值

音乐能够流传不衰,是因为它承载了重要的文化价值。音乐文化价值的精髓在于它的各种元素与人们所感受和传达的情感及思想密切相关,具有其他领域无法替代的独特的感受和表达的功能。因此,音乐在现在和未来,都将继续为人们所喜爱和推崇。音乐贯穿着我们的日常生活,无论是有意还是无意,我们每天都不可避免地接触到音乐,它伴随着我们的每时每刻。如今,科技迅速发展,传播媒介不断多样化、创新化和迅捷化,人们越发依赖音乐,同时也拥有了更多的音乐选择,能够通过欣赏优秀的音乐作品感知美、享受美,得到美的教育。这样音乐享受和教育反映出了人们对本民族音乐文化的理解和传承,对个人追求的鼓励和努力,对音乐技能的投入和专业精神,对国家的尊敬和热爱。这些都体现了音乐核心素养所包含的内在文化。

(二)明确音乐核心素养的重要性

苏联著名教育家苏霍姆林斯基认为,音乐文化是培养道德文明的重要条件之一。在音乐教育教学中,主要体现在审美体验价值、创造性发展价值、社会交往价值和文化传承价值方面。这与当前学生的六大核心素养,即人文底蕴、科学精神、学会学习、健康生活、责任担当、实践创新是相一致的。实际上音乐教育教学价值是学生核心素养在音乐教育教学中的具体体现,是学生核心素养的重要组成部分。

1.要从音乐具有人类交流的属性上理解

音乐是人们交流的纽带,这种纽带将人们的情感、观念和觉悟联系在一起,分享人们共同美好的生活。同样,学生也是社会的一份子,作为新生力量的他们对音乐的热衷胜于以往,对音乐的交流更加强烈,这对我们开展学生的音乐核心素养教育提供了有力的帮助。我们要充分利用好这一因素,广泛地开展与各学科的交流,让交流取得成果。

2. 要从学会学习的过程上理解

从学生核心素养内容上看，在其六大核心素养中，明确提出了学会学习的要求，为此，学生的音乐核心素养一定要体现这一内容。我们的音乐教育组织者，必须从思想上充分认识这一要求，在具体的音乐教育教学中，将教育的结果和教育的过程视为一个整体，既要重视结果，也要重视过程。从当前的音乐教育教学实际情况来看，音乐教育教学的过程需要融入很多关键要素，这些要素都是我们音乐核心素养的要素。一是音乐学习过程中的知识要素，它是构成学生学习音乐和开展音乐活动的基础，没有音乐知识的支撑，音乐教育就无从谈起，这种音乐知识的建立要体现在学生的自主学习上，知道学什么。二是音乐学习过程中的情感要素，它是构成学生学习音乐和开展音乐活动的灵魂，没有灵魂就没有思想，这种灵魂是要建立在感官折射出的情感认知上，让学生懂得该怎样去体验。三是音乐学习过程中的人生修养要素，它是构成学生学习音乐和开展音乐活动的精髓，这种精髓是作用在学生不断发展和自我完善中，让学生学会自觉进行修养，把人生修养变成一种良好的生活方式。

3. 要从学习音乐实践能力上理解

学生音乐核心素养的体现与学生音乐的实践能力密切相关。我们的音乐教育教学工作所要达成的任务，就是要让学生在接受音乐教育下，获得音乐实践能力，这也是音乐核心素养内在的要求。学生的音乐实践能力来自学生的音乐实践活动，不同活动内容所表现出的实践能力也不同，而各种表现出来的实践能力是要经过具体实际锻炼才能获得的。如在音乐作品的鉴赏活动中，反映出的是音乐的审美实践能力；在音乐作品的交流活动中，反映出的是音乐合作实践能力；在音乐作品的演出活动中，反映出的是音乐的表现实践能力；在音乐作品的编排活动中，反映出的是音乐的创造实践能力。这些实践能力汇集成学生的综合音乐实践能力。具备了这样的综合音乐实践能力之后，学生在音乐学习中遇到困惑、失衡、迷茫、苦闷等问题时，将会迎刃而解。

二、高中音乐教学方法创新任务

以上我们讲述和了解了新形势下音乐教育教学要求，让我们认识到了高中音乐教学方法的创新势在必行。那么，在高中音乐教学方法创新中，我们的任务是什么呢？

（一）调动起学生对音乐学习的兴趣

常言道，兴趣是最好的老师，它是内在的学习动因，是每一个学生本身具有的潜质，作为高中生他们接近于成人，对自己的言行趋于成型，对自己的兴趣也具有选择性和隐藏性，不太会轻易显现，就看音乐教师怎么去调动。具体到音乐教学中，我们的任务就是让高中学生对音乐作品产生积极的情感共鸣，激发出学生对音乐艺术的热情。

（二）使学生掌握音乐知识和技能

音乐教学可以使学生掌握关键性音乐知识和音乐基本技能，提高学生的音乐感受能力。只有具备相关事物的操作技能，才能具备驾驭相关事物的能力，音乐学习也是如此。只有具备基本音乐知识和技能技巧，才能感受到音乐艺术的魅力。这就是我们说的要让学生在音乐的审美、音乐的创造、音乐的文化上具有价值感受。

（三）指导学生开展音乐实践活动

任何理论的学习和技能的掌握，必须要应用到生活实践中。这既是音乐教学的意义所在，也是学生获得音乐修养的具体要求。通过音乐实践活动可以检验学生的音乐态度如何、价值观如何，更重要的是它好比是一个"指引器"，可以引导学生进行正确的音乐生活。

三、高中音乐教学方法在创新环境中的应用

在长期的音乐教学中，有的音乐教师可能习惯了使用某种音乐教学方法，不管教学模块有什么变化，环境条件怎么变，教学方法却始终固定沿用在音乐教学中。尽管也能取得一定的成绩但是从音乐教学方法发展的角度来看则是不利的，会影响到音乐教学效果。我们说创新是推陈出新的结果，要打破原有的秩序，重新进行选择排列。因此，在音乐教学中，要将这些原有的音乐教学方法进行优选，

针对变化了的音乐教学环境，合理有序地使用音乐教学方法，使音乐教学方法紧密贴近当前音乐教学实际情况，达到音乐教学效果最大化。

（一）音乐教学方法在最优结合中的应用

在高中音乐课教学中，在面对高中音乐课程不断提出新要求的情况下，要重视音乐教学方法，实现最优结合。音乐教学手段的多样化是适应当前高中音乐教学现状的必然要求，而音乐教学方法实现最优结合是开展音乐教学的具体手段。为了保证音乐课教学效果，将教学方法与相应的教学手段之间采取最优结合势在必行。与此同时，还要注重实践检验。例如，鉴赏音乐作品教学中，充分发挥直观法、操作法等音乐教学方法的作用，用音乐作品音响的奏鸣效果在学生的听觉上形成情绪方面的感染，用教师丰富的表演效果在学生视觉上形成形象方面的感染，用模唱和亲身操作的效果在学生感知上形成体验方面的感染等，这样才能使音乐教学效果最大化。

1. 音乐教学中口述法的应用

在以往的教学中口述法是使用频率最高的教学方法，几乎每一堂课都会使用到。也正因为此，教师们在使用上也显得习以为常，没有了新鲜感，也就淡化了它的作用。但是，从当前高中音乐教学的实际情况看，口述法却起着特殊的作用。这是由高中生认知能力的提高决定的。因为学生进入高中学习阶段后，从各科所学的知识中积淀起较强的判断事物是非的能力，音乐教师通过口述法传授音乐知识、与学生进行交流、探讨问题等可以变得更加畅通。另外，音乐教学的任务要求与学生进行双边交往，以激起学生的思维活动，培养学生独立的辨别能力，评价学生的学习质量，这些在音乐教学中都离不开口述法。

2. 音乐教学方法在艺术活动的应用

在高中音乐教学中，高中生活跃的思想极大影响着他们对音乐的认知程度。学生对音乐的认识基本上是通过学生感知音乐来实现的，学生感知音乐又是通过音乐活动载体体现的，而这些载体正是音乐教学方法的具体活动形式。活动形式包括各种不同类型的音乐活动，如音乐作品鉴赏、音乐表演、乐器演奏、学生合唱、音乐即兴创作、舞蹈、歌曲演唱等。这些活动实质上是对学生音乐知识的学习、音乐创造能力、音乐审美能力、音乐文化传承等方面的综合检验。因此，在音乐教学中，我们必须组织好各类音乐活动，使音乐活动贯穿音乐教学始终，对照具体教学任务和要求，开展好以音乐知识学习、音乐感受、音乐思维、音乐表演为内容的音乐活动。

3.音乐教学法的综合应用

在音乐教学过程中，音乐教学方法不是单独运用的，而是多个音乐教学方法的综合运用。按照教学大纲的要求，每一节课内容可分为多个方面，而每一个方面都有其侧重点，如果只用一种教学方法来教学，会造成教学效果上的缺失和不足，甚至会造成学生认知上的不足。为此，我们对音乐教学法的综合运用要有一个深刻地认识。可以解释为：音乐教学法的综合运用是将课堂教学各阶段对应内容所选择的教学方法组成系列的教学方法。例如，高中音乐鉴赏课的教学，在新音乐知识学习的部分，为了让学生衔接好新音乐知识的学习，对于已学相关音乐知识部分，我们可以采用再现法；在概括性音乐知识的部分，为了让学生系统把握音乐作品的特征，我们可以采用演绎法；在音乐作品的表现学习部分，为了让学生认识音乐作品的表现方式和实质，我们可以采用归纳法。总的来讲，一节课采用的音乐教学方法是其最优结合，这样才能达到学生学习音乐艺术的目的。

（二）音乐教学方法在学生学习情境中的应用

之所以强调教学情境的问题，是因为在当前物质文明和精神文明不断发展中，人们的生活呈现丰富多彩的景象，因此在激发高中学生学习音乐的积极性和兴趣上，针对情境所使用的音乐教学方法起着特殊的作用。这也是我们提出音乐教学方法在学生学习情境中应用的缘由。

在实际的音乐教学中，从针对情境开展的音乐教学方法授课，也证明了利用情境进行的音乐教学所产生的积极效果。我们得出这样一个结果：当课堂讲解新音乐知识的时候，音乐教师用直白的话进行讲解，学生不容易理解新音乐知识或者对音乐知识理解较慢，而当运用以情境为内容的音乐教学方法时，学生对新音乐知识的认识就容易理解或者理解比较透彻。

情境的设立与音乐教学方法的联系是广泛的，教学中各种情境设立运用相应的音乐教学方法，会使音乐教学的效果得以充分显现。当音乐教师组织音乐教学以音乐知识学习为内容时，设立学生独立提问、发现新知识并自我概括的情境来开展音乐教学，应用探索的方法授课不失为最佳选择；当音乐教师组织音乐教学以音乐作品的发展历史为学习内容时，设立学生生活经验、音乐体验、成长变化的情境来开展音乐教学，应用再现的方法授课不失为最佳选择；当音乐教师组织音乐教学以表现音乐作品人物内心世界、启迪人们心灵、展示作品精神为学习内容时，设立学生参与表演、模拟情节的情境来开展音乐教学，应用激励的方法授课不失为最佳选择。

　　需要强调的是，在现在高中音乐教学中，一定要把握好学生的情绪因素，这是我们音乐教学方法中非常重要的一环。上述我们谈到的各种音乐教学方法的选择，实际上都与学生的情绪有关，这就是我们常讲到的音乐作品的感染力，这种感染力从学生对音乐作品视觉、听觉、感觉中反映出来。因此，音乐教学方法的选择要建立在学生情绪把握的基础上。在音乐教学中，激发法是用来作为对学生的动机进行有目的影响的一种方法，有助于创设对音乐心向神往的气氛。它能够直接影响到学生的动机，影响学生对音乐的态度，以及对音乐课兴趣的变动情况。充满情绪色彩的印象能极其灵活地、直接地作用于学生个人内心深处，作用于他们受情绪感染的表象、判断、评价和伦理观点诸方面。

四、高中音乐教学方法的创新

　　从以上讲到的高中音乐教学方法创新要求、创新环境中的应用和音乐教学方法存在的问题中，我们可以清醒地认识到高中音乐教学方法在音乐教学中的重要性。开展音乐教学方法的创新研究是我们音乐教学工作面临的重要课题，我们必须要站在时代要求的前列，以高度的历史责任感尽心做好这项工作。开展好这项工作，我们应该呈现的是多渠道、多层次、多项目、多内容的研究。

　　（一）音乐"鉴赏—表现"审美教学法

　　音乐审美教育是音乐教育的一个重要组成部分，旨在培养学生对音乐艺术的审美能力,这种能力是高中音乐鉴赏课教学的要求,也是音乐教学方法创新的要求。

当前高中音乐教师在教学中,存在对音乐鉴赏课的教学研究比较浅,音乐鉴赏课教学水平不高,学生对音乐作品的理解程度不深,音乐鉴赏教学效果不明显等问题。存在的原因主要有两个方面:一是音乐教师对音乐鉴赏内容标准的把握思路不够广、准确度不够高、程度不够深,存在鉴赏教学组织的粗框架、粗线条、简单化现象;二是在高中音乐鉴赏教学的研究中缺乏正确的方法指导,没有较为准确地从提高文化素养、增进身心健康、形成完整的个性的课程要求角度出发来进行研究,音乐鉴赏的教学方法存在重形式轻内容的现象。

1. "鉴赏—表现"审美教学法的意义

通过"鉴赏—表现"教学可以使学生接触到世界上许多的音乐,并理解这些音乐,感受它的美,激发学生自我表现的欲望。在音乐鉴赏中,通过艺术的感染,师生一起共同感受美,创造美,以美来丰富生活,培养理解社会现象和审美现象的能力,培养享受、批评和改造音乐作品的能力,通过感觉加强自我意识,体现个性表现和多面发展的特征。

"鉴赏—表现"审美教学法能从心理上消除学生的畏惧感。研究发现,学生们回答问题参与表演的积极性随着年龄的增长反而越来越低,这其实并不是因为学生们的能力越来越差,而是随着年龄的增长,他们似乎越来越"害羞",不愿意主要展示自己。正确解决这一问题是"鉴赏—表现"审美教学法能够顺利实施下去的重要前提。这就需要教师从小处着手。比如,在课堂教学中会由简到难,先设计一些配乐朗诵、集体歌唱、小组配合等形式,让学生们能大胆表现,他们从中得到快乐和自信之后,也就更容易接受这样的教学环节了。在讲少数民族音乐的时候,让学生们以组为单位,搜集藏族、蒙古族的音乐,学生们有的唱、有的跳、有的演奏,真是形式多样、丰富多彩。这种开放式的教学环节,可以让学生们有更大的发挥空间,课堂气氛也更加活跃,而且教学效果也比教师单纯地讲要好得多。

之后,教师再给学生提供自我展现的机会。例如,让学生演奏贝多芬的《第九交响曲》。演奏的学生会很真珍惜这样的表现机会,提前做好准备;同学们也听得非常认真。这跟听音碟的效果和感受是截然不同的。许多同学在听的时候就怀着一种敬佩的心情，这样，他们就能听得更认真，对作品也会留下更深刻的印象。

2. "鉴赏—表现"审美教学法的实施

"鉴赏—表现"审美教学法需要在课堂教学中将音乐鉴赏和表现两个领域结合起来，利用多种多样的教学手段实践"鉴赏—表现"教学法。通过举行专题研究公开课，形成音乐鉴赏示范课，将音乐鉴赏示范课运用到音乐鉴赏课堂教学中并延伸到课外活动中，解决在高中音乐领域多面性的创造实践同审美要素进行直觉的抽象、概括、相互迁移而增加表现多面性的音乐教学难点，提高学生整体的音乐艺术反应能力。

（1）营造音乐"鉴赏—表现"的氛围

首先，我们要放手让学生去表现。学生表现得如何，不但能反映学生音乐鉴赏审美能力如何，同时，还能反映教师在表现环节教学准备得如何。活动设计得合理，学生们才有发挥的空间。其次，还要注重教师指导作用的发挥，除了课上的点评要恰当之外，教师更要积极关注学生的准备过程，关注学生的选题、表现方式、表现流程等。这些都是为了使学生在展现的时候能准确、更到位，让学生确实体会到表现所带来的乐趣，使得"鉴赏—表现"的审美教学法更能受到学生的喜爱。

例如，教师教授"外国舞蹈音乐"时，采用了模仿体验法。感受爱尔兰音乐特点的时候，首先播放了阿根廷舞蹈的经典之作——《自由探戈》的舞蹈片段来引起学生的关注。当教师问及同学们想不想学跳探戈的时候，同学们的情绪非常高涨，教师趁势放慢速度分别教给学生两拍、三拍、四拍的探戈舞步，并且让学生感受探戈的特点。这时，学生不仅是在学习优美的舞姿，也是在尽情地表现着自己，实际上更是学生接受了音乐作品。

（2）音乐知识教学

教师通过介绍音乐作品的历史背景、作者生平、使用的乐器、作品演奏的特点等，将知识性的内容传授给学生。

（3）聆听音乐作品

这一环节主要让学生通过聆听音乐作品，从音乐作品演奏的技能和技巧上掌握音乐作品知识性的东西。

（4）理解音乐作品

通过聆听音乐作品，激发学生鉴赏音乐作品的动机和兴趣，继而加深学生对作品的理解程度，提高学生的鉴赏能力。

（5）表现音乐作品

这一环节是学生对作品理解的深化过程，也是最关键的部分。通过学生亲身创编内容并用表演的方法进行表现，提高审美能力。

（6）教师进行归纳总结

教师根据学生的表演情况进行点评，提高学生的艺术创造力和对音乐作品的审美能力。

（二）微课教学法

1. 微课教学法在音乐教学开展中的作用

（1）创新了音乐教学手段

音乐教学手段既包括教师在教学中使用的方法，也包括采用的工具。传统的音乐教学手段并不单一，包含讲解法、演示法、音乐鉴赏法、情境创设法、律动教学等方法，以及教材、黑板、粉笔、钢琴、电子琴等一系列教具。但是现代音乐教学手段更加多样、更具创新性的吸引力，这主要归功于教学方法和信息技术的快速发展。利用多媒体和网络等现代技术与音乐教学结合而出现的微课教学法，使得音乐课堂教学更加生动有趣，推动了音乐教学的改革，激发了学生的学习热情。在微课教学法之下，可以转换不同的教学形式，进而创新教学手段，引导学生以多样化的方式进行自主学习，促进师生交流，将音乐课堂上的较为枯燥的讲授，变为学生体验、共同讨论的教学模式。通过运用微课教学法，教师能深入了解学生在音乐学习中所遇到的问题和难点，并针对这些问题提供正确的解答和指导。此外，通过在线上教学拓展音乐课堂，教师还能为学生们创造出富有感染力和趣味性的音乐教学环境。

（2）拓展了音乐教学内容

教学目标是教学内容开展的指导方向，也是教师设计教学过程的主要参考。

现今新课标对音乐课堂教学活动的开展提出了新的要求，使音乐课堂教学有组织、有目的地进行，能够在教学过程中给学生正确的引导，让每一个教学环节都紧扣教学目标，让学生直接、准确地接收到教学信息。而微课教学法在课堂中的运用，可以将更多与课堂教学目标相关的音乐教学内容扩充进来，用更加丰富多彩的教学手段来达到传授音乐知识和音乐技能的教学目标。微课教学法在音乐课堂中的运用，能够把课外很多相关的音乐信息和音乐知识吸收到课堂教学内容之中，紧密地围绕教学目标的实现来开展丰富的教学活动。微课教学法不仅加强了音乐知识内容的拓展，使得课堂教学的内容和形式更加丰富多彩，还在丰富的情境创设中，提高音乐课堂教学效果，使学生的艺术视野更加开阔。

（3）丰富了音乐教学资源

音乐教学资源主要指为了完成整个教学过程所需要的相关要素，如教材、教案、教具、乐器、课件等。由于过去网络信息技术在音乐课堂的应用不够丰富，音乐教学资源的来源也比较单一，主要依靠教师的课堂讲授、示范来为学生传授音乐知识和技能。如今，微课教学法在音乐教学过程中的大力应用，使得音乐课堂教学资源变得更加多元化，更加突出了音乐教学的趣味性。微课教学法以信息技术手段涉及了音乐资源的方方面面，让学校音乐教学形式更加符合学生需求，也极大地激发了学生的自主性学习探究。同时，微课教学法能够让教师的教授和学生的学习过程更加明朗化，能更清晰地体现学生的音乐学习效果和微课教学的实际效果。学生能够通过微课学习及时给教师反馈，教师也能及时对于反馈给出解答或者对于微课教学内容进行调整。随后，教师可以对自己制作的音乐微课课件进行调整和改进，以促进音乐教学更好地进行，从而提高课堂教学质量。此外，微课教学资源大量的开发和储备，还可以增进教师之间的资源分享，让更多音乐教学资源充实教学课堂。

2.微课教学法在音乐教学中的应用策略

（1）加强微课教学法的系统实施

音乐微课教学法是一种以学生观看微课为主线的教学方法，但并不是完全让微视频贯穿整个教学过程。科学的微课教学手法主要是用微视频来对课堂教学进行补充，强化音乐课堂教学效果，帮助学生加强对音乐知识内容的消化和吸收，转化为丰富的音乐素养。所以，音乐微课教学只是课堂教学的一种补充手段，可以运用于教学过程的每一个阶段，作为教学引入、课后辅导、课上知识内容的辅助。微课教学法可以发挥自身教学层面的优势，但并不能完全替换掉传统的教学手段。所以，微课教学法可以用于开启音乐课堂教学，如播放歌曲、音乐的相关视频，让学生丰富的欣赏内容，调动学生各方面的感官感受，让学生对音乐课堂充满热情，并很快融入教学情境中去。微课教学法不仅可以让学生在领略音乐魅力的同时，把课堂上要讲授的音乐知识点引出来，还可以让音乐内容变得更加直观，摆脱单调的欣赏式教学，渲染丰富活力的音乐课堂。教师要根据音乐课堂所要讲授的知识内容，在适当的教学环节上引入微课教学法，让某些知识点的讲授变得更生动、形象，更利于学生掌握音乐艺术精髓。

此外，微课教学法在课后辅助教学时能够起到很好的辅导作用。教师可以在课后将音乐课堂教学的难点、重点集合起来，制作成微课视频统一发送给学生，还可以留一两个小问题让学生思考和解答，以核查学生音乐课堂学习的成果。采用这种方法可使教师与学生保持课后的沟通和交流，引导学生积极参与进来，便于发现学生在课堂学习中的纰漏和问题，及时给予辅导和帮助。大力开发微课教学法，可以丰富音乐课堂教学形式，同时也可以让其更好地发挥"温故知新"的作用。虽然音乐微课短小精简，但是能够随时再现课堂教学的内容，能够在学生的课后复习和学习总结方面起到很好的补充作用，学生可以随时随地学习，并且能根据自己的情况对学习进行调整，培养学生的自主学习能力，并在自主学习的过程中不断进行探究和思考。

（2）拓展音乐微课教学形式

音乐教学是集音乐欣赏、课堂讲授、学生实践等为一体的教学形式，所以微课的制作要根据教学内容的特点来引用不同的音频、视频、讲解等形式，让音乐微课的教学内容更加丰富。通过微课的教学模式，可以让学生积极地参与进来，师生可以互动起来，对音乐教学内容进行沟通、交流、实践。比如，探讨音乐的发音部位，正确的发声姿势，共鸣发声时的体验和感受，等等。在音乐微课的制作中，通过动画讲解、声音演示、音频聆听、观看视频等多种多样的方式让微课教学的内容丰富多彩，形式生动活泼，能够从学生的兴趣出发，吸引学生的注意力，将抽象的音乐知识形象化，帮助学生理解，打造趣味性课堂。

除了在课堂上播放制作好的微课之外，有条件的话，还可以在课堂教学的过程中进行微课的制作。比如，将学生在课堂上对音乐知识的演示、发声实践等进行录制，在课后的辅助微课教学中，将这些内容引入教学实践，提升学生自主参与的热情，引导他们积极地通过音乐发声练习来对所学的知识进行实践和体验。在体验的过程中提出自己的感受和问题，增强教师与学生、学生与学生之间的沟通和交流，能够及时发现问题，并给予解决。教师还可以将这些课后的沟通和交流内容作为制作微课的素材，通过各个方面的资料集合，来扩充音乐微课教学的内容，让内容更加丰富，也更贴合学生的实际学习情况。这样能极大地调动学生的学习兴趣。

（3）利用微课教学法解决教学难题

音乐教学重在培养学生的音乐审美情趣和对音乐的兴趣。因为课堂教学时间短暂，所以对于培养音乐鉴赏能力方面的问题，教师可以用音乐微课教学的方法帮助解决。比如，选择一些有代表性的视频演唱内容制作成微课，同一首歌曲，可以选择不同的演唱者来诠释，让学生对歌曲的情感、节奏、乐感、歌词等各个方面有更加深刻的理解，然后通过互联网发送给学生，让学生利用空余时间慢慢感受不同演唱风格的艺术特征。通过微课教学法，可以提高学生的音乐情操，帮助学生树立丰富的审美观，对音乐产生热情和灵感，为后续的音乐学习打下良好的基础。

此外，传统的音乐课堂教学，教师反复讲授音乐知识，会有很多学生无法深刻感受音乐的艺术魅力。比如，在歌曲教学中，讲解会导致学生难以准确把握歌曲的节奏，跟不上节拍。反复讲解不仅耽误整个班级的教学进度，还容易让学生对音乐学习产生厌烦情绪，并不能达到理想的教学效果。这时可以利用微课教学法的优势，通过教师将歌曲节奏的讲解和演示制作成为微课，发给学生，并指出不同学生的学习难点，给予详细讲解，让学生在课后随时随地进行观看，查漏补缺，既节约了课堂时间，也能为课堂学习效果不佳的学生提供针对性指导，避免打击学生的学习积极性。在讲解乐器演奏的时候，直接在课堂上接触一种乐器，学生可能因对乐器的使用过程了解不够详细、演奏方法不当而影响乐器的使用寿命，教师在课上会很辛苦，学生学习起来也是一头雾水。此时，教师就可以通过微课教学法将这个课堂教学中的困难予以解决，将乐器的使用和演奏步骤通过视频讲解，通过直观的方法让学生提前了解该乐器的相关知识和使用方法，避免课堂上出现问题，耽误时间。教师要充分利用微课教学法解决课堂教学中容易遇到的难题，让微课成为音乐课堂教学的有利补充。

（三）综合音乐感教学法

综合音乐感教学法是根据著名的《曼哈顿维尔音乐教学大纲》中的"螺旋形上升素质培养大纲"开设的课程而产生的，最初是作为专业音乐学习的一门课程（包括七个方面的素质培养：乐音、节奏、旋律、和声、曲式、调性、结构，音高、音色、力度都包括在乐音内），后来推广到非专业的音乐教育领域。由于该教学法着重于培养学生的创造性思维能力，美国人又直接称之为"发掘创造力教学法"。

综合音乐感教学法的基本内容有如下几条：（1）教学思想为彻底改变以传授知识、训练技能为主的传统教学法，通过自觉乐感的培养，发展人的创造性思维，以适应新的工业革命浪潮；（2）教学内容为综合音乐史与音乐理论知识进行素质训练（五方面素质，十六个周期）；（3）教学方法为以学生为中心，教师只是引导者，发掘学生潜在的创造力，帮助他们产生创造的欲望，实现创造的结果；（4）课堂结构为自由探索，引导探索，即兴创作，有计划即兴创作，巩固概念（五个环节）；（5）变"要我学"为"我要学"。

综合音乐感教学法的教学活动为六个方面：（1）听觉——素质训练的基础，探索的工具，使学生从中感受到探索的意义和乐趣；（2）演出——发挥学生的独立见解和艺术创造，不强求最后的统一；（3）指挥——各种素质的综合反应，不能让任何一个学生失去指挥的机会。只要能表现音乐，不追求指挥技巧；（4）创造——即兴创作和有计划的即兴创作。作品不受任何程式限制，充分发挥学生的自由创新；（5）与（6）为分析和评论估价——对学生的发现、创作、演出随时作好记录并录音，及时放给学生听，组织分析和评价，提高审美能力，发展思维能力，使已获得的知识得到延伸、归纳和综合。

上述活动能鼓励学生自己就音乐的综合理解和知识作出判断，并积极参与音乐创造的过程，从而使学生获得音乐分析与创作的能力及经验。综合音乐感教学法已成为美国中小学音乐教育的重要模式之一，为培养和提高学生的素质起着重要的作用。

（四）沉浸式体验音乐教学法

沉浸式体验音乐教学法，在全世界都是一个非常前沿的研究领域，在教学上的研究与应用都处于浅层的。目前，应用在学校教育的沉浸式教学方法多用于语言沉浸式式教学，旨在通过全方位将学生主体浸入只存在目标语言的环境氛围中，最终达到对目标语言的深入理解和学会如何使用的效果。沉浸式体验音乐教学方法在一定程度上跳脱出了这种相对单一的沉浸模式，其主要原因在于音乐的多样性和文化的多样性。

1.沉浸式体验教学法的含义及目的

沉浸式体验音乐教学法的核心是，深度的参与和体验，过程中的交互与创新，最终在学习音乐、认识世界的同时形成积极的自我认识。"沉浸"的核心是围绕"沉浸"的主体，即人的身体展开的，是基于媒介技术对人身体的作用形成的。在一系列的教学沉浸活动中，个体沉浸的个性化彰显，使得在应对课堂中的各种环境下的演唱、演奏、分析、创作等是一个自发参与和表现的过程。

沉浸式体验音乐教学法的目的是解决以往音乐教学中，音乐知识与技能的学习互不衔接、不整合的分割状态，以及精神无法集中，对音乐背后文化的模糊概念等。该方法将通过教师在课堂上的引导与设置媒介的作用，使学生在课堂中能够实现身体与心理的双重沉浸，以此来保持在教学活动中的高度参与和深度体验，并将学习内容有机串联在一起。通过一个完整链接的沉浸情境或环境，使一切知识的学习、技能的学习、文化的学习，自然地衔接与发展，让体验有趣而生动，让表达自发且自然。

2.沉浸式体验音乐教学法的原则

沉浸式体验音乐教学法的原则可以概括为三个方面：（1）尊重个体的认知与体验，真正意义上实现个性化教学，不一味用统一的标准为之衡量，鼓励其在沉浸中的创新感受与想法;(2)勇敢表现艺术,勇于实践,音乐需要表达、需要表现;(3)在沉浸的过程中认识世界,对世界上各种文化的特殊性给予尊重和理解,在教师教学中树立积极进取的世界观,探索过去、了解现在、拥抱未来,适应快速发展的世界,不断创新对自我的认知。

3.沉浸式体验音乐教学法的实施路径

(1)情境设置

在沉浸式音乐教学方法中的情境设置需要区别于情景教学中的情景与情境设置。情景教学只创设某一个点,在这一点的教学上,通过言语、图像、音响、游戏和演绎的方式来学习此知识点的内容。然而沉浸式教学营造的是一种环境,这一环境在整个教学中无时无刻不存在着,可以让学生始终尽可能全身心的浸泡其中。因此,沉浸式体验音乐教学方法的情境设置是贯穿整节课的。这要求教师在创造设计情境的时候不能简单的是片段和片段的连接、环节上的相加,而是完整的逻辑链条下、环环相扣的沉浸环境。

音乐课堂中的沉浸更接近叙事沉浸,即在时间上,体验者的悬念体验;在空间上,体验者在被述事件的临场感。时间和空间上的身体沉浸、情感上的心理沉浸共同作用于教师在课堂上创设的音乐语境、文化语境。在空间上,也就是环境上的沉浸是需要科技为其赋能的,科技的虚拟现实能够在一定程度上加深环境的沉浸感。通过现代的科技手段为学生创造生动的环境氛围可以极大提高学生学习音乐的兴趣与热情,也可以增强学生在课堂上的感官感受、身体体验等,使学生对所学的音乐作品以及作品身处的文化环境有更好的了解。

创造生动的教学情境可运用到多种现代技术。例如,VR虚拟现实,其可以模拟出近乎现实的情景体验,配合3D视频与声频双频结合技术,即场景与场景声效的模拟,可以模拟出3D环绕式的打雷、下雨等各种天气或其他音效,给学生带来近乎真实的感受。这些技术通过视觉听觉的联合作用,从而对音乐作品的背景知识及文化内涵等一个浅层、直观的把握,甚至能通过音乐视像的感受掌握音乐的某些抽象概念。这样的体验可以激发学生的学习兴趣、并对音乐作品所处的历史和文化背景有一个更为深入地理解。

例如,在进行《望月节》音乐欣赏课的时候,教师通过MIDI中的音乐特效声联动动画视频，吸引学生沉浸在祭祀活动的氛围中，不自觉地将自己代入族人的视角，与动画中的人物一起呐喊、拍手等。可见，教师在创设情境和身份的时候，要事先想好音乐课堂中能利用的什么元素可以使学生沉浸其中，可以是视频、音响、动画、MIDI，也可以是气味、图片与教师叙事。同时，教师还需要事先安排学生以何种身份进入教师创设的沉浸环境。

（2）情感渗透

沉浸式体验音乐教学方法对音乐作品向学生进行情感渗透是比较容易的。当学生的心理对所处环境产生认同感的时候，共情能力便会有所提升，此时便是情感渗透的最好时机。教师应通过引导，使学生对环境中的人或事产生情感反应。情感是知识和审美发展的"土壤"，借助良好的情感教育，学生的人文修养会在音乐的熏陶中有所优化。情感教育和音乐教学的融合，也能够带来审美修养的有效提升，并发挥到实际生活当中，帮助学生客观、全面地看待世界，审视事物。此外，需要注意的是情感层面的深化并不是短期能够完成的任务，需要经过长期发展和不断积累才能够获得理想的效果。音乐是用来体验、感受和表达的。音乐的情感内核会和现实生活和思想动态密切关联。生活经历和情感体验越丰富，对于音乐作品的共鸣就会变得更加真实和深刻。

（3）感官联觉的沉浸

联觉（也称通感），即 Synesthesia，是一个源自心理学的概念，指一种感觉器官的刺激会引起另一种或多种器官的活动的现象。音乐艺术的主观听觉刺激与视觉艺术的视觉刺激相结合，会形成视听联觉。这些感官的相互作用还涉及人脑中的多感官融合机制。视听通感是想象的基础，而心理学本身认为，想象是个体对现有图像的认知加工，是一种复杂的分析和综合活动。

听觉沉浸指通过音频、音响，或是 MIDI 中的节奏、特效声音对听觉感官的刺激，以达到的一种听觉沉浸的感觉。视觉沉浸是指创造视觉来突出或诠释音乐。二者通过视听的合理结合，形成音乐听觉与视觉的融合呈现。它拓展了音乐作为听觉艺术的应用领域，赋予音乐传播、音乐教育和音乐感受更多的内涵。

音乐作为承载创作者情感的作品，通过听觉、视觉和动觉活动中的通感现象与人的心理进行互动。移情可以使参与者获得心理上的审美享受和审美满足，通过对各种感官因素进行刺激,加深对音乐的感知能力。

视听联觉的整合是音乐与图像、视觉与听觉的合理整合与应用,使整合后的音乐视频在音乐层面上为学生提供心理指导和暗示,在视觉上给予感官刺激。它往往能使学生更好地掌握一些抽象的音乐概念,激发学生的学习兴趣,使学生真正听到和看到音乐。

(4)延伸与拓展

在教师创设的沉浸环境中,通过"剧情"的推进,任务的设置,要求学生在课堂上参与多人的合作,让学生在合作中学习表达与分享,在合作任务中,听取他人的想法并结合自己所想,碰撞出火花。

沉浸式体验音乐教学方法的创造性是以即兴形式的演唱或演奏等来表现的。学生可以在自主且不受限制的演奏与演唱过程中提升创造力。更重要的是,沉浸式体验音乐教学方法的目的是更好地为我国音乐教育服务,丰富和拓展我国音乐教育的课堂教学内容,从而提升学生对音乐技能的掌握,加强学生学习积极性与创造力。

参考文献

[1] 吴文漪. 音乐教学新视角 [M]. 北京：人民教育出版社，2007.

[2] 龙亚君. 音乐新课程教学论 [M]. 长沙：湖南人民出版社，2007.

[3] 黄润带. 高中音乐教学的理论与实践探究 [M]. 广州：广东高等教育出版社，2019.

[4] 皇丽莉，文奇. 音乐教育创新与实践 [M]. 沈阳：东北大学出版社，2015.

[5] 郭崇江. 高中教育教学策略研究 [M]. 北京：光明日报出版社，2012.

[6] 陈维坚. 课堂教学改进的方法与技术 [M]. 南昌：百花洲文艺出版社，2017.

[7] 马晓菲. 多觉联动音乐教学的实践研究 [M]. 南昌：江西教育出版社，2020.

[8] 侯文生，黄侃夫. 核心素养下的音乐教学研究 [M]. 北京：中国书籍出版社，2022.

[9] 段金星，范汝海，盛京华. 文化与音乐教学 [M]. 长春：东北师范大学出版社，2010.

[10] 毛莉杰. 音乐教学与音乐欣赏概论 [M]. 牡丹江：黑龙江朝鲜民族出版社，2010.

[11] 刘越，孙丹. 体验式教学法在高中音乐鉴赏课堂中的运用 [J]. 戏剧之家，2022（35）：167-169.

[12] 蒋春艳. 核心素养理念下高中音乐教师应具备的教学素养 [J]. 桂林师范高等专科学校学报，2021，35（06）：108-112.

[13] 陈琳. 音乐教学中运用"新课程"及"新教材"研究 [J]. 合肥学院学报（综合版），2022，39（06）：140-144.

[14] 杨树军. 音乐核心素养下高中音乐鉴赏教学探究 [J]. 中国民族博览，2021

（15）：72-74.

[15] 杨鹏. 体验式教学法在高中音乐课教学中的运用 [J]. 文化产业，2021（30）：138-140.

[16] 陈俞敏. 高中音乐教学中学生乐感及鉴赏能力的培养策略 [J]. 科学咨询（教育科研），2022（08）：209-211.

[17] 张琳琳. 高中音乐教学中的情感教育策略分析 [J]. 戏剧之家，2021（31）：95-96.

[18] 傅磊，李雪梅. 奥尔夫音乐教学法在音乐教学中的应用 [J]. 艺术评鉴，2022（15）：119-122.

[19] 王丽娟. 新媒体背景下高中音乐教育面对的挑战与完善措施 [J]. 数据，2021（07）：161-163.

[20] 张敏，吴丹，王延松. 听：音乐的起点——从听觉视角浅析铃木教学法 [J]. 艺术品鉴，2017（01）：482-483.

[21] 李渊. "新课标"视域下普通高中音乐教学研究 [D]. 扬州：扬州大学，2022.

[22] 范晨靖. 海南普通高中黎族音乐微课程的开发与教学研究 [D]. 海口：海南师范大学，2022.

[23] 王翎鹭. 普通高中音乐鉴赏课中西方古典音乐的教学方法探究 [D]. 重庆：西南大学，2021.

[24] 吴秉旭. 指向核心素养的初中音乐欣赏教学策略研究 [D]. 长春：东北师范大学，2021.

[25] 刘成功. 高中音乐课信息化教学应用现状调查研究 [D]. 淮北：淮北师范大学，2022.

[26] 孙嘉. 普通高中音乐鉴赏课教学评价指标的建构研究 [D]. 武汉：武汉音乐学院，2022.

[27] 陈育燕. 核心素养视域下高中音乐课程"舞蹈模块"研究 [D]. 福州：范大学，2020.

[28] 戴娆.高中音乐课堂师生互动实效性提升策略探究[D].重庆：西南大学，2022.

[29] 黄鑫怡.高中音乐合唱模块教学的问题与策略[D].重庆：西南大学，2021.

[30] 陈蓉.论音乐教育中动作与音乐的关系与作用[D].上海：上海音乐学院，2019.